Tortugas acuáticas

sanas y felices

> Autor: **H. Wilke** | Fotos: **C. Steimer** | Ilustraciones: **K. Lackmann**

Indice

Un hogar apropiado

Tortugas sanas y en forma

HISPANO
EUROPEA

Un hogar apropiado

La elección correcta

Hace 250 millones de años, las tortugas ya poblaban la Tierra en compañía de los dinosaurios y los cocodrilos. Los dinosaurios desaparecieron hace mucho tiempo, pero tanto las tortugas como los cocodrilos han logrado sobrevivir hasta nuestros días. Son unas de las últimas reliquias vivientes de aquellas épocas tan remotas.

Distribución y hábitats

En la actualidad existen más de 200 especies de tortugas que pueblan los más diversos ecosistemas. Las encontramos tanto en las regiones templadas como en las tropicales, en tierra, en lagos y pantanos e incluso en mares y océanos. La mayoría de las especies viven en las regiones tropicales y subtropicales, pero algunas son capaces de hibernar para soportar los meses más fríos del año y se han adaptado a las cambiantes condiciones climáticas de muchas zonas de Europa, América, Asia y Australia.

El caparazón

Las tortugas de hace 250 millones de años tenían una forma aplanada similar a la de las actuales tortugas acuáticas y medían más de medio metro de longitud. Su caparazón, su cabeza y su cola estaban provistas de apéndices córneos y púas.

A lo largo de la evolución, su caparazón ha ido adquiriendo las formas más diversas. Así encontramos actualmente tortugas con el caparazón articulado y con bisagras que les permiten cerrarlo completamente después de retraer la cabeza y las extremidades en su interior, convirtiéndose en una perfecta defensa ante cualquier posible depredador. Esto es lo que hacen, entre otras, las tortugas de los géneros *Terrapene* y *Kinosternon* (ver pág. 13).

En la boca de las tortugas fósiles encontramos unos dientes pequeños y puntiagudos, y en sus mandíbulas también se aprecian restos de dientes. Pero la evolución los ha hecho desaparecer y actualmente todas las tortugas tienen un pico córneo, de bordes afilados y totalmente desprovisto de dientes.

Las tortugas son animales sensibles

Sería un grave error creer que el hecho de que sean animales muy antiguos automáticamente las convierte en seres resistentes a todo. Al contrario, si deseamos que su convivencia con nosotros no les cause daños ni enfermedades será necesario prodigarles unos cuidados específicos. Para ello es necesario que tenga muy en cuenta las siguientes necesidades de las tortugas:

➤ Muchas especies solamente

A pesar de su caparazón, las tortugas son unos animales bastante delicados.

se mantienen en buen estado de salud si disponen de una instalación al aire libre (ver pág. 54).

➤ Algunas tortugas tropicales y delicadas necesitan un terrario muy amplio (ver pág. 14).

➤ El terrario no debe estar expuesto a corrientes de aire, ruidos ni humos.

➤ Tenga siempre a mano la dirección de un veterinario experto en tortugas.

➤ Asegúrese de que sus otros animales domésticos solamen-

Las membranas interdigitales de esta tortuga fétida nos indican que se trata de una especie acuática.

Diferencias entre tortugas de vida acuática, anfibia y terrestre

	Tortugas acuáticas	Tortugas anfibias	Tortugas terrestres
Caparazón	De forma plana e hidrodinámica.	Todas las formas intermedias entre las especies acuáticas y las terrestres.	Redondeado y abombado.
Extremidades	En forma de aletas; piel casi sin escamas. Membranas interdigitales para nadar.	En forma de aletas, planas; piel con escamas finas. Membrana interdigital poco desarrollada o ausente.	Patas robustas, de sección casi cilíndrica; adaptadas para la marcha y para escarbar, con escamas muy fuertes.
Comportamiento	Apenas sale del agua.	Le gusta permanecer en el agua durante horas, pero también en tierra.	Vive en tierra; se baña como mucho durante una hora, nunca se sumerge por completo.
Alimentación	Principalmente alimento animal; comen en el agua.	Principalmente alimento animal (según las especies); suelen comer en el agua.	Principalmente alimento vegetal; comen en tierra.
Alojamiento	Acuario; estanque al aire libre.	Acuaterrario; instalación al aire libre con estanque.	Terrario; instalación al aire libre con pequeña cubeta para que se bañen.
Hibernación (si es necesaria).	Acuario.	Acuario (con excepción de *Clemmys insculpta*).	Cajones de hibernación.

te puedan acercarse a la tortuga cuando usted esté presente.

➤ Lo ideal es hacer que las tortugas hibernen en un sótano. No son adecuadas las buhardillas, las casetas de herramientas del jardín ni los

> La tortuga de caja oriental lleva una existencia más terrestre que acuática.

cajones apilados en un balcón o terraza.

➤ Antes de comprar la tortuga asegúrese de que alguien pueda hacerse cargo de ella durante sus vacaciones o en caso de enfermedad.

➤ Los alimentos buenos no son baratos, y prepararlos en casa requiere bastante tiempo (ver pág. 36).

Un punto a favor de las tortugas: ¿Tiene usted alergia a los gatos o a los pájaros? Si es así, no tenga miedo de las tortugas, pues no producen ningún tipo de reacción alérgica en los humanos.

¿Adulta o joven?

La mayoría de las tortugas procedentes de particulares son ejemplares adultos, especialmente si se trata de tortugas de orejas rojas. Si decide adquirir o adoptar uno de estos ejemplares es necesario que sepa que las malformaciones del caparazón no se pueden corregir y que para acostumbrarlas a otro tipo de alimentación puede ser necesario armarse de paciencia. Sin embargo, es fácil distinguir los sexos, y esto es importante si desea hacerse con una pareja. Por otra parte, los juveniles son mucho más «simpáticos» durante sus primeros dos o tres años de vida y tienen una coloración mucho más atractiva, pero son más delicados y hay que cuidar mucho su alimentación para evitar enfermedades que luego serían crónicas (ver pág. 46). Los sexos son difíciles de diferenciar.

Dimorfismo sexual

➤ Si decide mantener una sola tortuga es igual que sea de un sexo que de otro. Pero si se trata de una hembra, más adelante necesitará un lugar adecuado para desovar aunque solamente ponga huevos sin fecundar (ver pág. 30).

➤ Si desea obtener la reproducción necesitará una pareja. En la mayoría de especies de tortugas anfibias no es necesario esperar a que lleguen a adultas para poder distinguir los sexos con bastante facilidad porque los machos suelen ser bastante más pequeños (ver págs. 10-13). A los machos subadultos ya se les reconoce por tener una cola relativamente larga y fina, un plastrón más o menos cóncavo y –en el género *Chrysemys*– también por las largas uñas de sus extremidades anteriores.

¿Sola o en pareja?

Las tortugas son animales solitarios por naturaleza, por lo que no hay ningún inconveniente en mantener solamente un ejemplar. Es más, los principiantes es mejor que se inicien de esta forma. Cuando ya tenga varios años de experiencia cuidando un solo animal y haya entablado contacto con algunos criadores experimentados podrá decidir mejor cuál es la vía que quiere seguir. Para el mantenimiento en pareja recomiendo emplear ins-

> *Importante para una buena convivencia: el perro y la tortuga solamente deben saludarse bajo la vigilancia de su dueña.*

de nacimiento) proporcionado por las autoridades competentes. Los ejemplares nacidos en cautividad solamente se pueden ceder acompañados de un certificado CITES.

Especies del Apéndice B: Es posible efectuar capturas controladas en su hábitat natural. No es obligatorio el documento CITES. Es necesario poder demostrar que se han obtenido de forma legal (mediante factura o certificado del criador).

talaciones lo más amplias posible para que los animales puedan gozar de una cierta independencia cuando lo deseen, aunque lo mejor es tener dos instalaciones separadas. Muchas especies soportan muy mal la presencia de otros miembros de su especie, aunque se trate de una pareja, y no hay más remedio que mantener los ejemplares separados excepto en la época del apareamiento. Si se mantienen dos machos es muy probable que surjan problemas cuando alcancen la madurez sexual y cada uno quiera ser dominante sobre el otro.

A propósito de las especies protegidas

Muchas especies de tortugas corren el peligro de extinguirse en un plazo más o menos corto, por lo que se las incluye en el convenio de Washington de protección de las especies (WA). En Europa, el convenio europeo de tráfico de especies regula la comercialización de especies protegidas.

Especies del Apéndice A: Especies muy amenazadas, no se puede comerciar con ellas; necesitan imprescindiblemente un certificado CITES (en el que constan, entre otros datos, su nombre científico y la fecha

Tortuga de orejas rojas
Trachemys (Chrysemys)
scripta elegans

Talla: Hembras hasta 25 cm, machos hasta 17 cm.
Distribución: Mitad sur de los Estados Unidos, cuenca del Misisipí.
Hábitat: Aguas tranquilas y con abundante vegetación acuática.
Mantenimiento: Acuario, de 50 a 60 cm de agua, temperatura del agua: 25-28 °C, temperatura del aire: 26-32 °C. Vive bien en es tanques al aire libre.
Comportamiento: Nadadora muy activa. Le gusta tomar el sol en la superficie.
Alimentación: Las juveniles son carnívoras, con la edad se convierte en omnívora (ver pág. 48).
Hibernación: Sí, también en el primer año, durante 2-4 meses en el agua. En lugares templados también puede hibernar en estanque.
Particularidades: Las parejas suelen llevarse mal, a menos que dispongan de mucho espacio; puede ser necesario mantenerlas por separado.

Tortuga del Misisipí
Graptemys kohnii

Talla: Hasta 25 cm.
Distribución: Sur de Estados Unidos.
Hábitat: Arroyos pequeños y lentos, cálidos y con abundancia de vegetación.
Mantenimiento: Acuario con una profundidad de 50 a 60 c m, agua limpia; temperatura del agua: 23-28 °C, temper atura del aire: 22-28 °C. Solamente necesita salir a tierra para desovar. Mantener en estanque solamente si al ponerse al sol puede alcanzar una temperatura corporal de 36 °C.
Comportamiento: Necesita luz intensa; zona con calefacción de 40 °C por lo menos durante 6 horas al día. Suele ser tímida.
Alimentación: Los juveniles son carnívoros, luego pasan a alimentación omnívora (ver pág. 48).
Hibernación: Observar su c omportamiento; puede nec esitar de 2 a 3 meses.
Particularidades: Las parejas suelen llevarse mal; mantener los ejemplares solitarios o separar las parejas excepto para la reproducción.

Tortuga pintada
Chrysemys picta

Talla: Hasta 25 cm.
Distribución: Estados Unidos, al este del Misisipí, en regiones más septentrionales también al oeste de ese río.
Hábitat: Aguas tranquilas y con abundante vegetación.
Mantenimiento: Acuario o estanque, temperatura del agua y el aire: 20-25 °C. En el acuario es imprescindible proporcionarle un lugar en el que pueda calentarse hasta 36 °C.
Comportamiento: Se muestra bastante activa buscando alimento y un lugar para tomar el sol.
Alimentación: Omnívora (ver pág. 48).
Hibernación: Sí, incluso los ejemplares de un año de edad. Puede haber excepciones en los individuos de poblaciones meridionales. Observar su comportamiento (ver pág. 40).
Particularidades: La subespecie *Chrysemys picta dorsalis* no supera los 15 cm y es la que mejor se adapta al acuario.

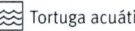 Tortuga acuática Tortuga palustre Puede vivir al aire libre  Actividad diurna

Tortugas de Reeves
Chinemys reevesii

Talla: Hasta 17 cm.

Distribución: Indonesia, Japón, sureste de China.

Hábitat: Aguas tranquilas; dulces o salobres.

Mantenimiento: Acuario, profundidad de 1,5 veces el ancho del caparazón; también en es tanques. Dejar al aire libre solamente en verano cuando l a temperatura del agua haya alcanzado los 27 °C; la mayoría de los ejemplares que se comercializan en Europa proceden de regiones cálidas. Temperatura del aire: 24-28 °C.

Comportamiento: Es mala nadadora, por lo que hay que ofrecerle posibilidades para salir fácilmente del agua.

Alimentación: Carnívora (ver pág. 48).

Hibernación: No.

Particularidades: Posee tres características crestas dorsales longitudinales.

Tortuga cuello de serpiente
Chelodina longicollis

Talla: Alrededor de los 20 cm.

Distribución: Este de Australia.

Hábitat: Aguas estancadas o de curso lento c on orillas pantanosas. Durante la temporada de lluvias también sale a tierra.

Mantenimiento: Acuario bastante grande con un mínimo de 40 c m de agua; temper atura del agua: 23-27 °C; temper atura del aire: 24-28 °C. Nec esita una isla para calentarse.

Comportamiento: Nadadora muy activa. En la época del celo suele morder.

Alimentación: Carnívora (ver pág. 48).

Hibernación: No.

Particularidades: Para retraer el cuello y la cabeza los introduce lateralmente en la concha (ver pág. 28, foto de la derecha). Desprende frecuentemente placas córneas de la concha.

Tortuga moteada
Clemmys guttata

Talla: Hasta 12 cm.

Distribución: Este y noreste de los Estados Unidos.

Hábitat: Arroyos cenagosos de las praderas y ríos de curso lento; aguas estacionales.

Mantenimiento: Acuarios con una profundidad de 30 a 40 cm, estanques. Temperatura del agua: 22-27 °C, temper atura del aire: 22-28 °C. En es tanques al aire libre solamente cuando pueda alcanzar los 36 °C calentándose al sol.

Comportamiento: Si el agua está lo suficientemente caliente se muestra activa durante el día. Le gusta permanecer sumergida; si el agua está fría s ale con frecuencia para tomar el sol.

Alimentación: Carnívora (ver pág. 48).

Hibernación: Sí, incluso en el primer año; la duración depende de su lugar de origen.

Particularidades: Generalmente es necesario mantener los ejemplares por separado.

Tortuga de bosque
Clemmys insculpta

Talla: Los machos hasta 13 cm, las hembras hasta 23 cm.
Distribución: Estados Unidos y Canadá.
Hábitat: Cursos de agua en zonas de bosques, charcas.
Mantenimiento: Acuaterrarios e instalaciones al aire libre. temperatura del aire como en Europa Central. Puede estar al aire libre desde abril hasta finales de octubre.
Comportamiento: Muy buena trepadora. Aprende con facilidad. Pasa largos ratos en tierra.
Alimentación: Omnívora.
Hibernación: Sí, incluso en el primer año. Hiberna en el agua o se entierra fuera de ella. Lo mejor es dejarle elegir.
Particularidades: Las placas del caparazón presentan un desarrollo piramidal irregular (no patológico). Los machos son muy agresivos entre sí, hay que mantenerlos separados. Se reproduce frecuentemente en cautividad. Para aficionados con una cierta experiencia.

Tortuga fétida
Sternotherus odoratus

 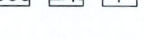 

Talla: Hasta 15 cm.
Distribución: Estados Unidos (Florida) hasta el sur de Canadá.
Hábitat: Aguas tranquilas, ricas en vegetación y con orillas llanas.
Mantenimiento: Acuaterrario con 10-20 cm de agua, estanque. Temperatura del agua: 20-25 °C para las poblaciones del norte de los Estados Unidos, las demás a 23-28 °C. Temperatura del aire: 24-28 °C. Los individuos de poblaciones más septentrionales pueden vivir en estanque al aire libre de abril a octubre.
Comportamiento: Muy comilona. Puede trepar por las ramas hasta varios metros de altura para tomar el sol.
Alimentación: Carnívora (ver pág. 48).
Hibernación: Posible; depende de su lugar de origen. Observar el comportamiento (ver pág. 40).
Particularidades: Mala nadadora, trepa bajo el agua. En el terrario hay que proporcionarle elementos para que pueda trepar hasta salir del agua; en el estanque necesita orillas llanas.

Tortuga de caja malaya
Cuora amboinensis

Talla: Hasta 20 cm.
Distribución: Sureste asiático.
Hábitat: Aguas calmadas y poco profundas, también en tierra.
Mantenimiento: Acuaterrario con un 30-40 % de zona acuática; temperatura del agua: 24-30 °C, temperatura del aire: 26-30 °C.
Comportamiento: Mala nadadora; necesita elementos que le permitan trepar para salir del agua. Para respirar tiene que poder acceder fácilmente a la superficie.
Alimentación: Carnívora, al hacerse adulta consume de un 10 a un 30 % de alimento vegetal.
Hibernación: No.
Particularidades: Con la edad prefiere pasar más tiempo en tierra. Muy sensible al frío durante el transporte. La tortuga de caja de borde amarillo, *Cuora flavomarginata,* procede de Filipinas y las islas Célebes. Su cuidado es similar al de esta especie.

 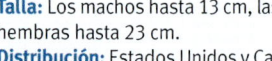

Tortuga del cieno
Kinosternon subrubrum

Talla: Hasta 12 cm.

Distribución: Estados Unidos, cuenca del Misisipí y sus afluentes, costa este.

Hábitat: Aguas estancadas o de curso lento, poco profundas y con abundante vegetación.

Mantenimiento: Acuaterrario, profundidad del agua de 1,5 veces la amplitud del caparazón, 50 % de parte terrestre; temperatura del agua: 23 a 24 °C; temperatura del aire: 22 a 28 °C. Terrario o estanque con orillas con poco desnivel.

Comportamiento: Mala nadadora, trepa bajo el agua. Le gusta mucho estar en tierra. Puede morder (mantener aislada).

Alimentación: Los juveniles y subadultos son omnívoros (ver pág. 48), los adultos son más carnívoros.

Hibernación: Posible según su procedencia geográfica. Observe su comportamiento (ver pág. 40).

Particularidades: El plastrón está articulado con dos bisagras.

Tortuga de caja oriental
Terrapene carolina

   §

Talla: De 10 a 2 1 cm según l as subespecies.

Distribución: Centro y este de Estados Unidos.

Hábitat: Bosques y praderas húmedos o encharcados.

Mantenimiento: Acuaterrario (con un 75-80 % de zona terrestre) o instalación al aire libre; nec esita una temperatura nocturna (aire) de 18 °C y diurna de hasta 28 °C.

Comportamiento: De día suele esconderse.

Alimentación: Carnívora, añadir algo de alimento vegetal (ver pág. 48).

Hibernación: Sí, para los individuos procedentes de regiones septentrionales, incluso los de un año; observe su comportamiento (ver pág. 40).

Particularidades: En el plastrón articulación transversal. Machos de tonalidades marrón rojizo hasta anaranjado, hembras de color blanco amarillento. Solamente para aficionados con una cierta experiencia.

Tortuga de caja adornada
Terrapene ornata

   §

Talla: Hasta 15 cm.

Distribución: En zonas de colinas bajas entre los afluentes occidentales del Misisipí.

Hábitat: Praderas fértiles de suelos arenosos cerca de los ríos.

Mantenimiento: Acuaterrario (75-85 % de zona terrestre) en primavera y otoño. De mayo a septiembre puede mantenerse al aire libre. Temperatura del aire de 18 °C (nocturna) a 28 °C (diurna).

Comportamiento: Tiende a esconderse durante el día.

Alimentación: Lombrices de tierra, caracoles, saltamontes y grillos, también hierbas y setas (hasta un 10-20 % de su dieta).

Hibernación: Observe bien su comportamiento; los ejemplares procedentes de las regiones más septentrionales de su área de distribución suelen querer hibernar.

Particularidades: Se comercializa con frecuencia, pero su cuida do no es fácil ni para los aficionados con experiencia.

Un hogar de lujo

Si desea que su tortuga viva feliz es necesario que al preparar su alojamiento tenga muy en cuenta cuáles son sus necesidades.

Sala de cuarentena

El alojamiento de cuarentena deberá contener solamente lo imprescindible.

> La tortuga moteada necesita un acuaterrario con una gran parte acuática.

Para tortugas acuáticas basta un sencillo barreño de plástico con una capacidad de 50 a 250 litros. Para proporcionarles un refugio no hay más que

colocar una tabla apoyada sobre dos piedras. El nivel del agua llegará justo hasta la tabla, pero de forma que ésta se conserve seca. La tortuga tiene que poder subir por una rampa para tomar el sol cuando lo desee. En el fondo podemos colocar trozos de gomaespuma del tamaño de nueces para darles la sensación de seguridad que les proporciona la «hojarasca» y el cieno del fondo de las charcas.

Para tortugas anfibias a las que les gusta pasar largos ratos en tierra firme basta con poner una cubeta con agua en el interior del terrario de cuarentena.

Los aparatos para el terrario de cuarentena serán los mismos que habitualmente se emplean en el acuario o en el acuaterrario (ver pág. 17).

El alojamiento para las tortugas

El terrario debe ser perfectamente estanco; también puede emplear un acuario usado.
➤ Las especies muy nadadoras necesitan mucho espacio libre para nadar (con una profundidad de por lo menos 40 cm).
➤ A las especies que nadan mal les proporcionaremos una zona acuática menos profunda (en el lugar más pro-

SUGERENCIA

Una decoración fácil de limpiar

➤ Si quiere colocar un fondo para decorar la pared posterior del acuario deberá dejar un espacio de dos o tres centímetros entre éste y el vidrio. Allí siempre se acumulará suciedad que podría llegar a contaminar mucho el agua del acuario, pero al dejar una separación podrá acceder fácilmente con un tubo para sifonar los detritos (ver pág. 44).

➤ El fondo decorativo hay que colocarlo de forma que las tortuguitas jóvenes no puedan quedar atrapadas detrás de él, porque probablemente acabarían ahogándose (cubrir las ranuras con gomaespuma u otros materiales inertes).

fundo no deberá superar 1,5 veces la anchura del caparazón) y algunos elementos que les ayuden a trepar para salir del agua.

➤ Las especies que llevan una existencia más terrestre que acuática necesitan que la parte de tierra sea por lo menos del 50 al 70 % de la superficie de la instalación (ver páginas 10 a 13).

Si no hay posibilidad de que las tortugas pasen temporadas al aire libre habrá que procurar que el terrario sea lo más amplio posible.

Tamaño adecuado

Para tortugas acuáticas muy nadadoras

➤ Dimensiones mínimas (!) para mantener un único animal: multiplique la longitud del caparazón de la tortuga adulta (ver páginas 10 a 13) por cinco y obtendrá la longitud del acuario. Para obtener la anchura del terrario, multiplique por tres la longitud del caparazón. La profundidad del agua será de por lo menos 40 cm.

➤ Dimensiones mínimas (!) para mantener dos tortugas: añada un 30 % al volumen (longitud x anchura x altura). Prevea un segundo terrario por si hubiese que separarlas.

 Aquí se encontrarán a sus anchas las tortugas acuáticas. Importante: Este dibujo no es más que un esquema. Lea las explicaciones que se dan en el texto acerca del filtraje y la iluminación.

Para tortugas poco nadadoras

➤ Dimensiones mínimas (!) para mantener un único animal: para obtener la longitud multiplique por cinco la longitud del caparazón de la tortuga adulta (ver pág. 10). La anchura será igual a la longitud.

➤ Dimensiones mínimas (!) para mantener dos tortugas: es necesario aumentar en un 30 % la superficie (longitud × anchura). También en este caso es necesario prever la posibilidad de tener que separarlas.

Importante: Estas dimensiones mínimas se refieren a un acuario «desnudo». Si se va a incluir decoración habrá que aumentar el volumen en un 30 % aproximadamente.

Todo lo necesario para un acuaterrario confortable

La parte acuática ocupará la mitad de la instalación y estará provista de un filtro y un calentador con termostato. El fondo lo cubriremos con una capa de gravilla fina o con un trozo de césped artificial para evitar reflejos molestos. La

15

parte acuática contendrá también algunas rocas y troncos, y su iluminación no será demasiado intensa.

La parte terrestre incorporará un calefactor de suelo regulado por termostato que permi-

> *A la tortuga fétida le gusta el agua poco profunda y con orillas llanas.*

ta mantener día y noche una temperatura entre 21 y 22 °C (comprobar con un termómetro). Para la preparación del suelo emplearemos una mezcla de arena y corteza triturada a partes iguales, esparciendo un espesor de 5-7 cm. Si lo desea, puede separar la parte terrestre de la acuática pegando con silicona un vi-

drio de 5 cm de grosor. El vidrio deberá estar inclinado y sobresaldrá uno o dos centímetros fuera del agua para hacer de rampa. Sobre él es conveniente pegar una fina placa de corcho.

... para acuarios

Para la parte acuática se puede aplicar lo anteriormente dicho. Es necesario prever una pequeña parte terrestre para que las tortugas pongan sus huevos (ver pág. 33).

Decoración bajo el agua: Los troncos y raíces ofrecen refugio bajo el agua y a la vez constituyen una buena isla en la que las tortugas pueden tomar el sol. Una «pared rocosa» a base de piedras naturales servirá para que las tortugas menos ágiles puedan salir del agua con facilidad. Podemos

unir las piedras fácilmente entre sí empleando espuma de poliuretano (de la empleada en la construcción).

Isla: En vez de los troncos puede emplear también una isla colgante. Ventaja: Las tortugas tendrán más espacio libre para nadar. Pegue dos planchas de corcho sobre placas de metacrilato y únalas entre sí por las esquinas con un alambre resistente para formar dos escalones. Sujete el conjunto a un lateral del acuario. El peldaño inferior estará en posición horizontal y se situará a una profundidad tal que la tortuga pueda apoyarse en él para sacar la cabeza fuera del agua para respirar. El peldaño superior será una rampa inclinada por la que la tortuga podrá salir cómodamente para tomar el sol.

Para obtener un buen filtraje

➤ Escoja un filtro exterior con el mayor volumen posible (12 a 18 litros).

➤ Según las especies de tortugas que desee mantener (ver páginas 10 a 13) deberá hacer que el flujo del agua sea rápido o lento. Si el flujo de la bomba del filtro es demasiado fuerte, puede limitarlo con una válvula u otros accesorios (consulte en su tienda de acuarios).

➤ Para que el agua se mantenga siempre en buenas condiciones (detritos, alimentación abundante, etc.) y libre de malos olores, es necesario cambiar semanalmente un 50 % del volumen.

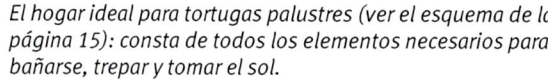

> *El hogar ideal para tortugas palustres (ver el esquema de la página 15): consta de todos los elementos necesarios para bañarse, trepar y tomar el sol.*

tador incorporado regulado por termostato y un volumen de 12 a 18 litros. Lo ideal es conectarlo a la parte inferior del acuario con un desagüe especial.

➤ Una esterilla calefactora (o cable) regulada por termostato.

Cobertura: Dos tercios del acuaterrario estarán cubiertos con una tapa de vidrio.

Equipo técnico

(Tanto para tortugas acuáticas como palustres):

➤ Para proporcionar «luz diurna» en los sitios sombríos emplearemos un fluorescente del tipo «luz de día» o una lámpara especial para plantas (lámpara HQL de 125 vatios). También es necesario emplear un temporizador para regular el fotoperiodo según las diferentes épocas del año. El tipo de iluminación depende de las especies y de si pasan parte del año al aire libre. Si las tortugas están siempre en el inte-

rior hay que prestarle aún más atención.

➤ Una lámpara «spot» de 60 a 150 vatios servirá principalmente como fuente calorífica y deberá permitir que en la «isla» se alcance una temperatura de 40 °C (controlar con un termómetro) porque de lo contrario las tortugas no podrían efectuar correctamente la termorregulación. Las lámparas HQI-TS con espectro de luz diurna son ideales y dan mucha luz, pero resultan bastante caras.

➤ Una lámpara UV (ver pág. 19) controlada mediante un temporizador que la conecte durante 30 minutos al día.

➤ Un filtro exterior con calen-

¿Ha pensado en todos los detalles?

✔ ¿Dispone de rampas fácilmente accesibles a las tortugas menos ágiles tanto en el agua como en tierra?

✔ ¡Hay una zona profunda (por lo menos de 40 cm) en la que las tortugas puedan nadar a sus anchas?

✔ Las tortugas poco nadadoras, ¿pueden acceder sin esfuerzos a la superficie para respirar?

✔ ¿Pueden calentarse todas las tortugas siempre que lo necesiten y en función de su especie (ver páginas 10-13)?

✔ ¿Dispone de una lámpara calefactora apropiada para las especies que necesiten más calor (ver páginas 10 a 13)?

✔ ¿Corresponden el volumen y el caudal del filtro a las características de la instalación? ¿Se mantiene el agua cristalina teniendo el filtro a pleno rendimiento y cambiando cada semana un 50 % del volumen?

Cuestiones acerca del mantenimiento

¿Puedo emplear un trozo de corcho como isla flotante para que las tortugas salgan a tomar el sol?
La isla a la que las tortugas salgan a tomar el sol nunca deberá inclinarse o balancearse cuando éstas intenten trepar a ella. Por lo tanto, un corcho flotante no es una buena solución.

¿Puedo recoger troncos en el bosque e introducirlos en el acuaterrario para que las tortugas puedan trepar y salir del agua?
No hay ningún problema. Emplee preferiblemente troncos o ramas de boj o encina; sus taninos hacen que se conserven mejor. Antes de colocarlos en el acuaterrario déjelos en remojo durante un par de meses en un estanque, balsa, etc. para eliminar la savia y otras sustancias. Éstas contaminarían mucho el agua y se favorecería la proliferación de hongos. Después de este tiempo de «curado» ya se pueden colocar los troncos en la instalación.

Las salpicaduras de agua al regar hacen que las plantas se cubran de pequeñas manchitas de cal, ¿es esto perjudicial?
Perjudicial no, pero sí que es antiestético. Riéguelas con agua destilada o de lluvia y habrá eliminado el problema.

Tengo una tortuga acuática adulta, ¿puedo ponerle un ejemplar joven como compañero?
Es mejor que no lo haga. La diferencia de tamaños haría que la grande pudiese lastimar involuntariamente a la pequeña, especialmente a la hora de comer. Tenga en cuenta que las tortugas no ven muy bien de cerca (ver págs. 26-27).

¿Cómo puedo calentar la parte terrestre de mi acuaterrario?
Puede construirse usted mismo un calefactor. Coloque las siguientes capas de abajo hacia arriba: una plancha de corcho prensado de 0,5 a 2 centímetros de grosor que cu-

> *Para que sus huesos se desarrollen correctamente es imprescindible que las tortugas puedan tomar el sol a diario.*

bra la mitad del suelo del terrario; tres láminas de papel de aluminio del mismo tamaño con la parte reflectante hacia arriba; ponga encima una esterilla eléctrica del mismo tamaño y provista de termostato (graduar a 21 ºC); cúbralo todo con el sustrato de tierra. Esconda la conexión eléctrica en una esquina detrás de un tronco.

¿Es realmente necesario poner una lámpara y un filtro? Son muy caros.

Todos los aparatos que hemos citado anteriormente son absolutamente imprescindibles. Las tortugas enferman y mueren (ver págs. 17-19) si no disponen de calor, luz ultravioleta y, sobre todo, de agua verdaderamente limpia.

¿Quién puede solucionar mis dudas acerca de las tortugas?

Diríjase a una buena tienda de reptiles, a una asociación de aficionados o a una revista especializada. En Internet existen infinidad de webs y foros dedicados exclusivamente a las tortugas.

¿Realmente necesito un terrario de cuarentena para mis tortugas?

Naturalmente que sí. No tardará en darse cuenta de lo útil que llega a ser. Podrá utilizarlo también para hacer hibernar a sus tortugas (ver pág. 40), para separar individuos agresivos o para las puestas de huevos (ver pág. 32).

Me gustaría montar un acuario para tortugas acuáticas. ¿Pesará mucho?

Los acuarios grandes siempre son muy pesados. Un acuaterrario de 200 litros puede llegar a pesar hasta 300 kilos. Si duda acerca de la resistencia del suelo o de la terraza de su casa (instalación al aire libre), consulte al constructor o a un arquitecto.

Me han dicho que en vez de la lámpara de UV es suficiente con poner un fluorescente especial para plantas. ¿Es cierto?

Actualmente sólo las marcas Osram y Philips fabrican bombillas especiales de rayos ultravioleta para poder estimular la producción de vitamina D en la piel así como para favorecer el desarrollo idóneo de los huesos. Todavía no se ha comprobado científicamente si los tubos fluorescentes para plantas pueden cumplir la misma función.

MIS CONSEJOS PERSONALES

Hartmut Wilke

Cómo mejorar la técnica

➤ El estrecho haz luminoso de las lámparas de spot nos permite colocarlas a una buena distancia por encima del terrario –así se consigue un efecto más agradable.

➤ Por favor, no confunda las lámparas de rayos ultravioleta (UV) con las de infrarrojos (IR). Las tortugas necesitan radiación UV para que sus huesos se desarrollen correctamente.

➤ El vidrio impide el paso de los rayos UV, por lo que si coloca una tapa de vidrio entre la lámpara de UV y el terrario las tortugas apenas recibirán nada de su radiación. Haga una abertura de las dimensiones adecuadas.

➤ Para medir y calibrar la temperatura del agua y de la parte terrestre emplee solamente termómetros de laboratorio o de uso acuarófilo.

➤ A las tortugas les molestan mucho las vibraciones de los filtros y bombas. Cuelgue o monte la bomba apartada del terrario de forma que no pueda transmitir su vibración al resto de la instalación.

19

Aprendamos
a conocerlas

Consejos para la adquisición

Las tortugas que se venden en las tiendas y criaderos especializados pueden ser de especies protegidas o no, pero generalmente han sido reproducidas en cautividad. Si le es posible, pídale al criador que le deje visitar sus instalaciones y ver las parejas reproductoras. No hay ninguna manera más rápida y eficaz para informarse acerca de sus tortugas y de los cuidados que necesitan. Además, lo más probable es que el criador se ofrezca a ayudarle y aconsejarle siempre que se le plantee alguna duda.

La «prueba del panecillo» nos indicará si el caparazón es resistente y elástico.

A tener en cuenta a la hora de la compra

➤ No compre nunca de forma impulsiva ni en mercadillos.

➤ Pida que le den el nombre científico de la tortuga y consulte si se trata de una especie protegida y de los cuidados que necesita.

➤ Si no la encuentra en este libro, consulte a un experto. Podría ser que se tratase de una especie difícil para principiantes o que alcance una talla demasiado grande como para vivir en un terrario doméstico (como sucede con muchas tortugas blandas).

➤ Recoja la tortuga personalmente en la tienda y protéjala del frío y las corrientes de aire durante el transporte (ver pág. 46).

➤ La tabla de la página siguiente le ayudará a reconocer una tortuga enferma.

¿Cuándo comprar la tortuga?

Tanto si se decide por un ejemplar juvenil como por uno adulto, lo mejor es que compre su tortuga entre mayo y septiembre que es cuando es más fácil diagnosticar su estado de salud. Esto se debe a que muchas tortugas hibernan, y en otoño resulta difícil establecer si el hecho de que la tortuga parezca «cansada» se debe a que está enferma o a que ya empieza a aletargarse. Y una tortuga enferma difícilmente sobreviviría a la hibernación. Y lo mismo sucede con las tortugas que hace poco que han salido de su descanso invernal. ¿Está todavía un poco aletargada o está enferma? En primavera, incluso las enfermedades menos graves pueden no manifestarse hasta al cabo de cuatro a ocho semanas después de salir de la hibernación. Y entonces, al precio de compra todavía tendría que añadirle una respetable factura del veterinario.

Tortugas tropicales: Pueden comprarse durante todo el año. Son animales muy sensibles al frío y a las corrientes de aire, por lo que en invierno habrá que cuidar mucho su transporte (página 46). ¡A algunas especies, para enfermar les basta con respirar aire frío durante un par de minutos!

Control sanitario

Controle todos estos factores al comprar una tortuga

Rasgos físicos	Sana	Enferma
Caparazón/juveniles	Consistente y elástico como la uña del pulgar.	Blando. Se deforma (foto de la izquierda) al apretarlo como si fuese un panecillo, falta de elasticidad.
Caparazón/adultos	Duro y consistente; sin placas córneas levantadas, incluyendo las del plastrón. Cuidado: las tortugas palustres y las de cuello de serpiente mudan regularmente la capa exterior córnea.	Consistente, pero deforme; escudos abultados; orificios, principalmente en el plastrón.
Piel	Coriácea, blanda, lisa y elástica.	Con costras; heridas infectadas; parásitos.
Ojos	Transparentes, limpios, muy abiertos.	Córnea turbia y lechosa; párpados hinchados.
Pulmones	El animal nada conservando la posición horizontal en el agua.	En el agua adopta siempre una posición inclinada.
Vías respiratorias	Secas, sin burbujeo en la tráquea o en la nariz; respiración silenciosa.	Secreción espumosa por nariz y boca; carraspeo al respirar.
Locomoción en el agua y en tierra	Se desplaza empleando todas las extremidades por igual.	Apenas emplea las extremidades posteriores o las arrastra, nada a impulsos laterales.
Vitalidad	Al cogerla con la mano intenta liberarse enérgicamente o se retrae en el caparazón.	Al cogerla reacciona con «pereza» y sus movimientos son lentos y sin fuerzas.
Comportamiento	Se muestra vital, come con buen apetito.	Permanece inactiva en un rincón, come muy poco o nada.
Natación subacuática	Se mantiene bajo el agua sin problemas.	Su flotabilidad es muy positiva, apenas puede sumergirse.
Uñas	No le falta ninguna uña, todas son fuertes y la base está sana.	Le faltan uñas o parecen un poco sueltas; base de las uñas infectada y/o inflamada.
Desove	Excava un hoyo con las extremidades posteriores y deposita toda la puesta en cuestión de 12 a 24 horas; se muestra tranquila.	Se pasa los días excavando hoyos sin llegar a poner ningún huevo; parece inquieta.

Los primeros días en su nuevo hogar

Antes de instalar a su tortuga recién adquirida en el terrario es conveniente que vuelva a someterla a un chequeo general (ver tabla de la página 23). A continuación hay que alojarla en un terrario de cuarentena (ver pág. 14).

La cuarentena

Éste es el lugar adecuado para tomar muestras de excrementos y tratar a la tortuga hasta que esté totalmente libre de gusanos y gérmenes patógenos. Si se detecta una infección por amebas, bacterias o virus cuando la tortuga ya está en su terrario «de lujo», la hermosa instalación estará totalmente contaminada y su desinfección requerirá mucho esfuerzo.

Muchos veterinarios están en condiciones de efectuar un análisis de las heces de su tortuga; en caso de duda consulte al Colegio de Veterinarios. La tortuga deberá permanecer en la instalación de cuarentena hasta que sepamos «oficialmente» que está totalmente sana.

Toma de muestras de excrementos

Necesitará tres recipientes estériles (de venta en farmacias) para tomar muestras durante tres días consecutivos. Si tiene que esperar mucho desde que toma una muestra hasta la siguiente, añada unas gotas de agua a las muestras para evitar que se sequen y que no se pueda efectuar el análisis coprológico correctamente. De todos modos, cuando las lleve al veterinario la muestra más antigua no deberá tener más de cinco días. Puede conservarlas durante este tiempo en la nevera para evitar que se estropeen y sean inservibles para el análisis.

No pierda el tiempo. Muchos médicos y veterinarios emplean unos recipientes especiales con una cucharita en la tapa, pero en caso de necesidad también puede emplear el envase de un carrete de fotos. Muchas veces sucede que los excrementos de las tortugas acuáticas son tan blandos que

A las Trachemys *podemos mantenerlas en un estanque al aire libre desde abril hasta septiembre (según las latitudes).*

se deshacen rápidamente en el agua y no es posible tomar muestras. En este caso, coloque la tortuga en seco en el terrario de cuarentena y cubra el suelo con papel de periódico. Esto suele resultarle tan desagradable que acaba defecando al cabo de poco tiempo.

Importante: Vaya con cuidado de no confundir los excrementos con la orina. Ésta es una secreción acuosa densa y pastosa de color blanco o amarillento. Las tortugas suelen excretar la orina y las heces por separado, pero a veces también lo hacen a la vez. La orina no es de ningún valor para los análisis parasitológicos.

Aclimatación

Si la tortuga se muestra tímida y se esconde debemos dejarla en paz hasta que se atreva a salir por sí sola. Puede intentar animarla a base de ofrecerle diariamente algún alimento apetecible. Si no lo come inmediatamente, vuelva a sacarlo del agua para evitar que ésta se ensucie. En las fotos de la derecha verá la forma de ganarse la confianza de su tortuga. En la página 53 se muestra la forma de acostumbrar a una tortuga a sus congéneres.

Atraiga a la tortuga

Emplee una pinza larga para poner el alimento delante de la tortuga. Lo olfateará cautelosamente y pronto empezará a mordisquearlo con precaución.

Gánese su confianza

En cuanto la tortuga se haya acostumbrado a tomar el alimento de la pinza puede empezar a ofrecérselo aguantándolo con los dedos índice y pulgar. Con el tiempo aprenderá a reconocer el olor de su mano y lo relacionará con una experiencia positiva.

Acaríciele el cuello

Ahora puede intentar acariciar el cuello de su tortuga. Mantenga el dedo en el agua y la tortuga no tardará en acercarse con curiosidad porque espera que le dé de comer. Acaríciele el cuello suavemente para no asustarla. Recompénsela con un trocito de su alimento favorito.

Una tortuga mansa

El siguiente paso consiste en dejar que la tortuga trepe a su mano. Para ello deberá mantenerla en el agua en posición inclinada y poniéndose un trocito de comida en la muñeca. Si la tortuga se deja coger sin miedo será mucho más sencillo cuidarla y efectuar las tareas de limpieza de su terrario.

Anatomía y sentidos

Las tortugas están dotadas de una percepción sensorial muy aguda que les permite realizar todas sus actividades vitales: buscar alimento, identificar a tiempo los peligros, localizar a sus semejantes, realizar el cortejo nupcial y aparearse.

La tortuga fétida posee un olfato muy sensible y detecta fácilmente los animales muertos.

Percepción sensorial

Los **ojos** de las tortugas son hipermétropes y de visión muy aguda. Esto les sirve para identificar a sus enemigos desde lejos y también para buscar alimento. Asimismo son capaces de distinguir a su persona de confianza desde una cierta distancia. Pero de cerca ven bastante mal.

Su **sentido del olfato** les es de gran importancia. Les permite localizar con certeza el alimento o a su pareja cuando se encuentran lo suficientemente cerca. Cuando está directamente ante el alimento se orienta prácticamente sólo por el olfato. Las tortugas acuáticas pueden percibir los olores también bajo el agua, y esto les permite orientarse por muy turbia que ésta esté.

Su **oído interno** capta más las vibraciones que le llegan a través de las extremidades y del caparazón que las procedentes del tímpano. Por lo tanto no es de una gran sensibilidad. Las tortugas captan mejor las vibraciones del suelo y del agua. Carecen de pabellón auditivo y su tímpano está directamente bajo la piel.

Articulación de sonidos

Muy pocas veces oirá emitir algún sonido a su tortuga acuática; ni siquiera durante el apareamiento, como las tortugas terrestres, pues se aparean bajo el agua. Por lo tanto, su tortuga no puede expresar su satisfacción ni su dolor de forma audible.

El caparazón

Es el elemento más característico de las tortugas, pero también es mucho más sensible de lo que a simple vista podría parecer. Forma parte de su esqueleto y está formado por placas óseas recubiertas por un periostio muy sensible. La capa externa del caparazón está cubierta por unos escudos córneos de un material «muerto» parecido al de nuestras uñas. El periostio es especialmente delicado en las junturas entre los escudos pues allí es donde está directamente expuesto a los agentes externos.

Casos particulares: Uno de los más curiosos es el de las tortugas de caja del género *Terrapene* (ver pág. 13). Mientras que una tortuga «normal», como la tortuga de orejas rojas, solamente puede retraer la cabeza, las extremidades y la cola en su caparazón, las tortugas de caja tienen una articulación transversal en el plastrón que les permite cerrar por completo todas las aberturas. Otras tortugas han desarrollado mecanismos similares, como las dos articulaciones del plastrón de *Kinosternon* (ver pág. 13).

Importante: En el comercio se ofrecen con cierta frecuencia unos preciosos bebés de

> *Las tortugas de mejillas amarillas* (Trachemys scripta scripta) *necesita unos cuidados muy parecidos a los de la tortuga de orejas rojas.*

tortugas blandas cuyo caparazón carece de placas córneas. Aparte de que para cuidar estas especies hace falta una cierta experiencia porque su caparazón es bastante delicado, algunas de ellas llegan a superar los 40 cm de longitud y son capaces de morder con una fuerza considerable.

Uñas y pico

Las uñas de las tortugas les son de gran utilidad para trepar, ¡incluso por rejas y vallas! Normalmente las uñas se desgastan con el roce sobre su-

perficies duras. Los machos de *Chrysemys* emplean las largas uñas de sus extremidades anteriores durante el cortejo nupcial (ver pág. 30).

Pico: Las tortugas carecen de dientes y cortan los alimentos con su robusto y afilado pico córneo. Pueden romper caracoles acuáticos y trocear peces muertos. ¡Los niños deben tener mucho cuidado con dónde ponen los dedos! El pico córneo crece constantemente al igual que las uñas. Asegúrese de que lo desgastan de forma natural (ver pág. 38).

Aprenda a interpretar el comportamiento de las
tortugas acuáticas

¿Conoce el lenguaje corporal de su tortuga?
Aquí aprenderá a reconocer lo que el animal
le indica con su comportamiento ❓
y a actuar correctamente en cada caso ➡.

> La tortuga se ha caído y está
patas arriba.

❓ Patalea con las patas e intenta
darse la vuelta
➡ Colóquela de forma que esté
en contacto con piedras o troncos
que le ofrezcan puntos de apoyo
para que pueda darse la vuelta
por sí misma.

> La tortuga de cuello de serpiente
retrae la cabeza y el cuello en forma
de S bajo el caparazón.

❓ Se ha asustado y permanece a la
espera de que pase la alarma.
➡ Es su forma normal de retraerse.
Las tortugas de cuello largo siempre
lo pliegan de este modo.

La tortuga de orejas rojas ha retraído sus patas y su cola en el caparazón.

? Se ha asustado y se protege de un potencial enemigo.

➡ Déjela tranquila para que se relaje de nuevo.

La tortuga moteada se asoma a la superficie.

? Observa su entorno en busca de alimento o de posibles enemigos.

➡ Déjela tranquila; pronto volverá a sumergirse.

La tortuga de Reeves trepa sobre unas rocas

? Las tortugas son buenas trepadoras y pueden superar incluso vallas muy altas.

➡ Construya su instalación a prueba de fugas.

La tortuga de orejas rojas extiende al máximo sus cuatro extremidades.

? Le gusta mucho tomar el sol de este modo.

➡ Asegúrese de que en la instalación dispone de suficientes sitios para tomar el sol, tanto al aire libre como con una lámpara UV.

Descendencia a la vista

Le será más fácil conseguir la reproducción de sus tortugas si la pareja ha hibernado tranquilamente –caso de necesitarlo (ver págs. 10 a 13)– y vive en una soleada instalación al aire libre. En terrarios de interior todo es más difícil (ver recuadro de la página siguiente). La época de apareamiento de la mayoría de las tortugas se extiende desde finales de marzo hasta mayo (en nuestras latitudes). Pero las hembras pueden poner huevos fértiles aunque haga tiempo que no tienen contacto con un macho. El desarrollo de los huevos en el ovario se inicia a principios de verano y han de ser fecundados antes de que la hembra empiece a producir su cáscara, lo cual sucede después de la hibernación. Pero no siempre es necesaria la presencia del macho, porque las hembras de algunas especies pueden conservar el esperma de un apareamiento anterior hasta durante cuatro años.

El apareamiento

Las especies que llevan una existencia más terrestre que acuática suelen realizar el cortejo en tierra, pero se aparean en el agua. Éste es el caso, por ejemplo, de *Terrapene carolina* (ver pág. 13). Pero la mayoría de las tortugas acuáticas y palustres suelen efectuar en el agua tanto el cortejo como el apareamiento (foto de la derecha).

Los machos de *Chrysemys* muestran un comportamiento muy peculiar. Persiguen a la hembra nadando hacia ella por delante y por detrás agitando sus extremidades anteriores y «acariciándola» con las largas uñas de sus patas delanteras. Al mismo tiempo, el macho huele la cloaca de su compañera para saber si está dispuesta a aparearse. Cuando lo esté, el macho la montará por detrás para llevar a cabo el apareamiento. El tiempo que transcurre desde el apareamiento hasta el desove varía en función de las especies y puede ser desde tres semanas hasta seis meses. Por lo tanto, conviene fijarse bien en el comportamiento de la hembra para que no ponga los huevos en el agua y se echen a perder. Cuando vea que una tortuga acuática o palustre que normalmente se mostraba tranquila empieza a nadar inquieta de un lado a otro y remueve el fondo con sus patas traseras es señal de que siente la necesidad de desovar. Proporciónele un cajón con arena para que efectúe la puesta (ver pág. 32). Si sigue mostrándose inquieta durante varios días deberá llevarla al veterinario.

La hembra escarba un hoyo con sus extremidades posteriores y deposita los huevos en su interior.

> *El cortejo ha tenido éxito. La tortuga cuello de serpiente hembra accede a aparearse con su galán.*

Incubación artificial

En el terrario es difícil controlar la evolución de las puestas, por lo que no es un buen lugar para incubar los huevos. Marque la parte superior de cada huevo con un lápiz blando y a partir de ahora colóquelos siempre en la misma posición para evitar que el embrión sea comprimido por su propio saco vitelino y muera.

Incubadora: Llene una caja de plástico transparente hasta la mitad con vermiculita (sustrato para incubación de venta en las tiendas de animales) ligeramente húmeda. Si no encuentra vermiculita también puede emplear arena. Entierre los huevos hasta la mitad, cierre la caja y colóquela en una habitación a 27-28 °C o en una incubadora (ver pág. 32). La humedad del aire en el interior de la caja será del 100 %, por lo que deberá ventilarla a diario. Ponga la caja ligeramente inclinada para que el agua que se condense sobre la cara interna de la tapa gotee hacia el borde y no caiga sobre los huevos, eso los mataría.

Cuestiones acerca de la reproducción

¿Cuándo alcanzan las tortugas la madurez sexual?

Los machos de las tortugas acuáticas y palustres suelen alcanzar la madurez sexual a la edad de tres a cinco años, los machos de *Graptemys* (ver pág. 10) pueden ser sexualmente maduros a los 18 meses. Las hembras suelen tardar de seis a diez años. Sin embargo, no todo es cuestión de edad sino que también influye el grado de desarrollo y las condiciones en que ha crecido el animal. Si la tortuga vive en unas condiciones ideales y se desarrolla con rapidez alcanzará antes su madurez sexual.

¿Dónde puedo conseguir una incubadora? ¿Puedo construirla yo mismo?

En las tiendas de animales encontrará todo lo necesario. Coloque dos ladrillos en el interior de un pequeño acuario de plástico y llénelo hasta que el agua casi los cubra. Ponga sobre ellos la caja de plástico con los huevos (ver pág. 31). Caliente el agua con un calentador-termostato de acuario y manténgala a 28 °C. La temperatura puede oscilar hasta un máximo de uno o dos grados. Cubra la incubadora con un vidrio. Para evitar el goteo del agua de condensación es mejor colocar una cuña que mantenga la incubadora ligeramente inclinada.

¿Todas las tortugas necesitan arena para desovar? Nuestra hembra ha puesto los huevos en el agua.

Probablemente no tuvo ninguna otra opción. Y los huevos que encontremos flotando en el agua es difícil que lleguen a eclosionar. Proporcióneles siempre una zona de desove con arena caliente y ligeramente húmeda. El espesor de arena deberá ser por lo menos igual a la longitud del caparazón de la hembra.

El macho no para de nadar persiguiendo a la hembra y le muerde hasta hacerla sangrar a pesar de que en el acuario hay espacio de

> *Las pequeñas tortuguitas cuello de serpiente nacen después de un periodo de incubación de unos seis meses.*

sobras. ¿Qué puedo hacer para evitarlo?

Probablemente se deba a que la hembra no está dispuesta a aparearse o a que el macho es muy agresivo. Separe al macho de su compañera durante una semana. Si la situación no mejora, manténgalos separados durante el resto del año. Por regla general, recomiendo que en las especies descritas en este libro mantenga los individuos de distinto sexo separados durante todo el año excepto durante la época del apareamiento.

¿Cuanto tardarán en eclosionar los huevos?

El tiempo de incubación varía mucho de unas especies a otras: las tortugas de orejas rojas nacen al cabo de 60-70 días, y los de *Graptemys kohnii* al cabo de 75 días. Los huevos de *Sternotherus odoratus* tardan de tres a seis meses en eclosionar y los de *Kinosternon subrubrum* necesitan una incubación de tres a cinco meses.

¿Cómo puedo saber si los huevos de tortuga no están fecundados?

Los huevos estériles se deshidratan lentamente y al cabo de unas semanas se nota que son más ligeros. Al observarlos a trasluz se aprecia una cámara de aire clara y una zona algo más oscura que corresponde a la yema seca. Para mirarlo, sujete el huevo entre los dedos pulgar e índice y con la marca hacia arriba (ver pág. 31) ante una lámpara de escritorio, de manera que la luz no le deslumbre pero le permita ver el huevo a trasluz. Si el huevo está fecundado se apreciarán pequeños capilares y a medida que avance el desarrollo embrionario se verá cada vez más oscuro. Otra señal de que todo va bien es que el huevo aumenta ligeramente de peso.

Nuestra tortuga ha desovado de repente y no tengo ninguna incubadora. ¿Qué puedo hacer?

Construya una incubadora «de emergencia» que le permita aguantar unos días hasta que pueda disponer de una incubadora definitiva. Llene una maceta con arena hasta sus tres cuartas partes. Entierre ligeramente los huevos en ella y cúbralo todo con un vidrio. Ponga un palillo entre la maceta y la tapa de vidrio para permitir que haya algo de ventilación. Riegue ligeramente para mantener la arena siempre un poco húmeda.

Hartmut Wilke

MIS CONSEJOS PERSONALES

Las tortugas y la ley

➤ Al comprar sus tortugas asegúrese de que recibe con ellas toda la documentación necesaria (ver páginas 10 a 13).

➤ Las tortugas de especies protegidas solamente pueden reproducirse y ceder las crías si los padres también son de procedencia legal y se ha notificado la reproducción a las autoridades competentes.

➤ Para las crías de las especies incluidas en el Apéndice A solamente podrá obtener los documentos CITES si los progenitores también tienen sus respectivos CITES.

➤ Hay que dar parte a las autoridades competentes de la adquisición de cualquier especie protegida (Apéndices A y B) así como de su muerte o cesión a otra persona.

➤ Si solamente dispone de una tortuga, búsquele un compañero o compañera provisional y repártanse las crías con su propietario. Si se trata de una especie incluida en el Apéndice A, necesitará también el documento CITES del animal que le presten.

Tortugas sanas y en forma

Alimentación saludable

Las tortugas acuáticas y palustres son animales omnívoros, se alimentan tanto de materia vegetal como animal (ver pág. 48). Pero generalmente prefieren los alimentos de origen animal. Los juveniles de algunas especies (tortuga de orejas rojas, por ejemplo) son básicamente carnívoros y a medida que van creciendo aumentan la proporción de alimento vegetal en su dieta.

La alimentación básica

Prepárela usted mismo a base de carne de ternera picada (sin grasa), pequeños peces de acuario (guppys) o filetes de pescado de agua dulce como la trucha (alimento preparado, ver pág. 42; alimentos vivos, ver pág. 58). Como alimento vegetal podemos añadir plantas acuáticas, diente de león, ortigas, berros, lechuga, escarola, espinaca, zanahoria o incluso hierbas tales como el perejil y albahaca. También se puede emplear alimento para truchas a granel (sin antibióticos y con indicación de ingredientes). Si a las tortugas le produce diarrea habrá que interrumpir la alimentación con pellets hasta que su digestión se normalice y luego reanudar progresivamente la alimentación con pequeñas cantidades.

La ración ideal

➤ Deje que su tortuga ayune durante un día.
➤ Pese el alimento favorito de su tortuga o mida la cantidad enrasando una cucharita.
➤ Déle de comer hasta que pierda su voracidad inicial y empiece a mostrarse remolona con la comida.
➤ A partir de ahora, dele solamente la mitad de esa cantidad.

Aditivos y suplementos

Para que las tortugas puedan crecer y desarrollarse sanas necesitan **minerales y oligoelementos.** Si usted no dispone de instalación al aire libre o les proporciona una alimentación muy monótona tendrá que complementarla añadiendo dos veces a la semana un complemento adecuado en el alimento favorito de su tortuga. Existen diversas marcas y presentaciones (polvos, gotas). En su tienda de animales habitual le informarán acerca de lo que más le conviene. También puede consultar a su veterinario. Siga al pie de la letra las instrucciones que acompañan al producto y no sobrepase nunca las dosis indicadas.

El **calcio** es muy importante, tanto para las tortugas jóvenes que están en pleno crecimiento y han de desarrollar su caparazón como para las hembras adultas antes y después del de-

Las tortugas acuáticas y palustres prefieren que les demos de comer en el agua.

sove. Añada a su alimentación cáscaras de huevo picadas, pluma de sepia, camarones de río, krill y gambas (sin pelar).

Si a sus tortugas les proporciona una alimentación natural y durante el verano las mantiene en una instalación al aire libre, no será necesario que añada **vitaminas** a su dieta. Es más, podría serles perjudicial. Los complejos vitamínicos a base de vitaminas A y D_3 solamente hay que administrarlos por prescripción del veterinario y hay que dosificarlos cuidadosamente en función del peso de la tortuga. ¡De lo contrario son tóxicos!

> *Las tortugas bien aclimatadas reconocen a su cuidador desde lejos y lo esperan en el lugar en el que les suele dar de comer.*

Reglas para la alimentación

	Tortugas acuáticas y palustres juveniles	Tortugas acuáticas y palustres adultas
¿Dónde hay que darles de comer?	En el agua, siempre separadas de los ejemplares adultos. Las tortugas adultas podrían morder involuntariamente la cabeza de las pequeñas e incluso arrancársela.	En el agua.
¿Cada cuánto hay que darles de comer?	Una vez al día.	A los ejemplares subadultos, cada dos días; a los adultos, dos veces a la semana.
¿Cuánto hay que darles al día?	El 50 % de la ración ideal calculada (ver pág. 36).	El 50 % de la ración ideal calculada (ver pág. 36).

Control de peso: Pese regularmente a su tortuga para controlar su aumento de peso. El aumento de peso es relativamente rápido durante los primeros cuatro a seis años de vida de la tortuga. Luego se vuelve más lento, es decir, su crecimiento va haciéndose más lento de un año al siguiente. Si la tortuga está demasiado obesa (ver pág. 48) es imprescindible disminuir sus raciones de alimento en un 30-40 % hasta que haya consumido sus reservas de grasa.

Cuidados básicos

Si se las cuida correctamente en acuarios o acuaterrarios bien montados y pasan los meses cálidos en una buena instalación al aire libre, las tortugas cuidan su cuerpo de forma «automática», es decir, desgastan sus uñas al trepar y su pico al triturar los alimentos. De todos modos, de vez en

> *Muchas especies se desprenden regularmente de la capa córnea externa del caparazón.*

cuando conviene examinarlas un poco a fondo y ver si es necesario actuar de algún modo.

Pico demasiado desarrollado

Puede deberse a que la tortuga consume alimentos demasiado blandos o demasiado

ricos en proteínas. Llévela al veterinario para que le recorte el pico. Como medida preventiva, proporciónele alimentos más duros y también pluma de sepia o piedra caliza para que mordisquee.

Importante: Algunas especies (como *Clemmys insculpta* y *Chinemys reevesi*) pueden desarrollar una especie de «gancho» en su mandíbula superior entre las aberturas nasales. Consulte a su veterinario antes de intervenir, pues podría tratarse de un apéndice natural que les sirve de ayuda para trepar.

Cuidado del caparazón y de la piel

Los caparazones más hermo-

sos son los que lucen las tortugas que viven en libertad, expuestas al viento, al sol y a las inclemencias del tiempo, y lo pulen constantemente al frotarse con la vegetación. En el terrario no es fácil conseguir los mismos resultados (ver foto de la página 39). De todos modos, las marcas calcáreas del agua dura y las algas no les son en absoluto perjudiciales.

Recortar las uñas

La naturaleza ha dotado a las tortugas acuáticas de unas uñas largas y afiladas (ver páginas 10 a 13). Por lo tanto, no es frecuente que estas uñas crezcan más de la cuenta. De todos modos, si al consultar a

SUGERENCIA

Labores domésticas en el alojamiento de las tortugas

➤ Eliminar a diario los excrementos y los restos de comida.

➤ Limpiar a diario la cubeta en la que se bañan las tortugas palustres.

➤ Renovar semanalmente del 50 al 100 % del agua del acuario.

➤ Limpiar la carga del filtro con agua del grifo cada tres o cuatro semanas (según la población del acuario).

➤ Efectuar un chequeo y análisis de excrementos dos veces al año (ver pág. 40).

1 ‹‹Peeling›› de caparazón

Muchas especies de tortugas experimentan regularmente un ‹‹peeling›› consistente en desprenderse de la capa externa de su piel y de su caparazón. Usted puede ayudarla un poco frotándola suavemente en las zonas en las que vea que la piel se está desprendiendo, pero no es imprescindible que lo haga.

2 Sanguijuelas

Estos gusanos parásitos suelen vivir en aguas estancadas y es fácil encontrarlos incluso en los estanques de jardín, en donde no es raro que ataquen también a las tortugas durante los meses que pasan viviendo en el exterior. Suelen fijarse al cuello y a las extremidades. La mejor forma de extraerlas es sujetarlas con una pinza para garrapatas, acercarles la punta de un cigarrillo encendido y moverlas hasta que se desprendan.

un experto éste le dice que las uñas de su tortuga (generalmente se trata de especies terrestres que pasan más tiempo en tierra que en el agua) crecen con demasiada rapidez, puede hacer lo siguiente:

➤ Ofrézcale a la tortuga más posibilidades para caminar sobre un sustrato duro y áspero de forma que pueda desgastar sus uñas de forma natural;

➤ En el caso de que esto no sea suficiente, consulte a su veterinario sobre la posibilidad de reducir la proporción de proteína animal en su alimentación.

Como medida inmediata, pue-de cortarle las uñas con una tenacilla especial.

Importante: No hay que recortar las uñas de las extremidades delanteras de los machos de tortuga de orejas rojas porque las emplean durante el apareamiento (ver pág. 30).

Ectoparásitos

Los animales recién importados suelen estar parasitados, pero en los de terrario bien aclimatados es más difícil encontrar parásitos.

Ácaros: Viven en terrarios en los que el sustrato de corteza triturada y húmeda les ofrece un medio idóneo para vivir.

Atacan a las tortugas palustres que llevan una existencia casi terrestre, fijándose en los pliegues cutáneos del cuello y las extremidades.

Consulte a su veterinario acerca de cómo desparasitar las tortugas afectadas y el terrario en el que viven.

Garrapatas: Se encuentran en todos los jardines y pueden fijarse a las tortugas palustres que viven en instalaciones al aire libre.

Se extraen mediante una pinza que puede adquirirse en cualquier tienda de animales.

Sanguijuelas: Ver la foto de arriba a la derecha.

El descanso invernal de las tortugas

Las tortugas son animales poiquilotermos, por lo que no pueden regular su temperatura corporal, sino que dependen de la temperatura del entorno. Si esta se mantiene por debajo de los 18 °C, su organismo solamente mantendrá activas las funciones imprescindibles para sostenerse con vida reduciendo al mínimo el consumo energético. El animal se aletarga y entra en una fase de «ahorro» en la que se reducen notablemente el pulso, el ritmo respiratorio y la movilidad. Consume sus reservas de grasa y su peso puede disminuir hasta en un 10 %. Si la tortuga está enferma pierde todavía más peso y entonces hay que llevarla urgentemente al veterinario. En su hábitat natural, la mayoría de las tortugas acuáticas y palustres hibernan en el fondo de las aguas en las que viven. Pero también hay excepciones, como *Clemmys insculpta* (ver pág. 12).

Antes de la hibernación

Uno o dos meses antes de entrar en hibernación –cada año lo hará por las mismas fechas– es conveniente llevarla al veterinario para que le haga un chequeo. Si hubiese que someterla a algún tratamiento, todavía estaríamos a tiempo de administrárselo mientras estuviese en plena actividad.

Preparación del lugar para invernar

A las tortugas que habitualmente hibernan en el fondo de ríos y charcas podemos instalarlas en un barreño de color negro o en un acuario con agua. Coloque el recipiente en un rincón del sótano en el que pueda permanecer a una temperatura de 1-12 °C.

Acondicionamiento: Cubra el fondo del recipiente con una capa de césped artificial para que la tortuga pueda agarrarse fácilmente si lo desea. Para simular la capa de limo y hojarasca sumergida llene el reci-

> *Después de la hibernación no hay que esperar hasta principios de mayo para dejar a las tortugas de nuevo en el estanque.*

SUGERENCIA

Refugio de emergencia en la nevera

Si no dispone de un sótano adecuado puede albergar a sus animales en el cajón de las verduras de la nevera para que hibernen.

➤ Cubra el vidrio con una cartulina negra.

➤ Acondicionar el cajón de las verduras del mismo modo indicado para el acuario (ver a la derecha).

piente con trocitos cúbicos de gomaespuma de dos a tres centímetros. Estos cubitos de gomaespuma estarán bien sueltos para que la tortuga tenga la sensación de que se «entierra» entre ellos. Para aumentar la sensación de «refugio», cubra la mayor parte del acuario con una tabla y oscurézcalo por arriba.

Nivel del agua: Por motivos de seguridad es necesario que la tortuga que esté reposando en el fondo pueda respirar cómodamente en la superficie con sólo estirar el cuello. El caparazón deberá estar siempre cubierto por el agua, y el nivel de ésta será de por lo menos 1,5 veces la amplitud del caparazón. Si la tortuga no puede respirar con la comodidad necesaria, coloque una piedra plana en el fondo para que pueda subirse a ella cuando lo necesite. Luego le bastará con desplazarse un poco para alcanzar una zona más profunda.

Técnica: El acuario de hibernación no necesita aireación ni filtraje. La temperatura del agua se mantendrá entre 1 y 12 °C, pero no debe superar esta temperatura durante más de una semana porque el animal se despertaría.

Alimentación: No hay que

> Las tortugas de orejas rojas pueden invernar perfectamente en el estanque, excepto en las zonas en que las primaveras son muy frías.

alimentar a la tortuga mientras esté en hibernación.

Cómo reconocer que se dispone a hibernar

Usted no tiene por qué saber cuál es el momento exacto en que su tortuga quiere retirarse a hibernar. ¡Ya se dará cuenta si la observa bien! Por regla general, son los cortos días de otoño y el descenso de las temperaturas lo que la incitan a hacerlo. Notaremos que la tortuga se muestra menos activa y va perdiendo el apetito. Expulsa gran cantidad de excrementos para vaciar su apa-

rato digestivo y tiende a esconderse. En ese momento, apague la luz y desconecte la calefacción del terrario. Bajará la temperatura del agua. Si la tortuga se queda durante una semana en su escondrijo es que ha llegado el momento de trasladarla al acuario de hibernación.

¿Cuánto dura la hibernación?

Para saber con certeza durante cuánto tiempo «quiere» hibernar su tortuga basta con que averigüe a partir de cuándo la temperatura diurna de su há-

bitat natural se mantiene constantemente por debajo de los 18 °C. Eso le indicará que las tortugas que viven en libertad también han empezado a hibernar. En muchos periódicos importantes es posible encontrar las temperaturas de casi

> *Las tortugas moteadas jóvenes pueden invernar sin ningún problema.*

todo el mundo (incluido el país de origen de su tortuga), pero también puede conseguir estos datos por Internet.
La hibernación finaliza en primavera cuando la temperatura diurna media supera los 20 °C.

La hibernación de tortugas jóvenes

Usted puede hacer hibernar sin problemas durante tres o cuatro meses una tortuga de seis meses de edad y que pese unos 20 gramos, siempre y cuando se trate de una especie que también hiberne en la naturaleza. Lo importante es controlar su peso cada cinco o seis semanas. Si de una medición a la siguiente comprobamos que ha perdido más del 10 % de su peso es señal de que el animal probablemente esté enfermo. En este caso, lo mejor que puede hacer es despertarlo antes de hora.

Cómo capturar las tortugas acuáticas

Si su tortuga no está domesticada y la mantiene en un gran estanque al aire libre es probable que al final de la temporada no le sea fácil capturarla. Dele de comer en la orilla y siempre en el mismo lugar. Coloque una red de pesca de un metro cuadrado bajo ese lugar y disimúlela con un poco de arena. Sujete una cuerda a cada esquina de la red y esté dispuesto a tirar de ellas antes de que la tortuga tenga tiempo de regresar a la zona más profunda. En cuanto vea que la tortuga se dirige hacia el ali-

mento pasando sobre la red camuflada, levántela y sáquela del agua. Es mejor que lo haga con ayuda de otra persona.

¿Qué hacer si se despierta demasiado pronto?

En este caso, lo único que puede hacer es darse prisa y poner el terrario rápidamente a punto. También es importante que disponga de comida para ofrecérsela en cuanto quiera empezar a comer. A continuación describiré un alimento en gelatina muy fácil de preparar (receta del Zoo de Frankfurt). Con un mínimo esfuerzo dispondrá de alimento para tres a seis meses y podrá congelarlo en porciones.
Receta básica (dieta omnívora):
➤ 75 % de proteína animal a base de:
30 % de pescado de agua dulce,
30 % de corazón,
20 % de pulpo,
20 % de hígado.
➤ 25 % de materia vegetal:
Hierbas (espinacas, lechuga y ortigas tiernas hervidas), zanahoria, manzana, arroz con cáscara hervido o salvado de maíz (también se pueden mezclar a partes iguales).
Para mejorar o variar el sabor de la receta básica se pueden

> *Las tortugas tropicales, como esta tortuga de Reeves, no hibernan.*

añadir camarones o krill así como huevo de gallina (todo con cáscaras).

Preparación: Lavar a fondo la materia vegetal, las cáscaras de huevo y los camarones, añadir un poco de agua y triturar hasta convertir en puré. Hacer lo mismo con el pescado y la carne. Mezclarlo todo y calentarlo a 80 °C (controle la temperatura con un termómetro). Por cada litro de puré hay que añadir una cucharadita de suplemento de vitaminas y minerales.

Mezclar bien y dejar que la temperatura descienda a 60 °C. Añadir una gelatina comestible de buena calidad. Viértalo todo en una fuente y cuando cuaje podrá cortar las raciones diarias, colocarlas en bolsitas individuales de plástico y congelarlas para usarlas cuando las necesite. Es muy importante que la gelatina sea de muy buena calidad, porque de lo contrario el alimento no quedaría suficientemente compacto y luego se desharía en el agua.

RECUERDE

¿Qué hacer durante las vacaciones?

Ocúpese a tiempo de encontrar a alguien que entienda de tortugas y pueda cuidar a la suya si usted se pone enfermo o se va de vacaciones. Proporciónele los datos que aparecen en la ficha de la página 63 y explíquele lo siguiente:

✔ **Generalidades:** Enséñele cuál es el comportamiento normal de la tortuga; cualquier variación será señal de alarma. En ese caso necesitará ayuda profesional.

✔ **Particularidades:** Enséñele las particularidades de su tortuga, así como la posibilidad de que alargue o acorte la hibernación.

✔ **Desove:** Comentar los preparativos y la incubación (ver pág. 31), no olvidarse de añadir calcio a la dieta de la hembra.

✔ **Síntomas de enfermedades:** Déjele la dirección y el teléfono de un veterinario de confianza al que pueda consultar en caso necesario. Dele también los datos de su lugar de veraneo.

✔ **Alimentación:** Indíquele el lugar en el que acostumbra dar de comer a las tortugas así como las cantidades y la frecuencia. Prepare las raciones de antemano (gelatina, ver pág. 42).

✔ **Técnica:** Explíquele el funcionamiento del filtro, el temporizador y la caja de fusibles; deje lámparas de recambio.

Prevención de enfermedades

Los suplementos de calcio y vitaminas (ver pág. 36) y los rayos UV (ver pág. 19) le ayudarán a prevenir muchas enfermedades. Pero esto no es todo.

¡Cuidado con las corrientes de aire!

Otra importante medida profiláctica consiste en evitar que

> El agua se mantendrá más limpia si en la orilla ponemos piedras en vez de arena.

el animal esté en el suelo de la casa. Su tortuga no irá de paseo sino que intentará huir –y al buscar un escondrijo acabará refugiándose bajo un

radiador–. Vaya donde vaya siempre estará expuesta a corrientes de aire. ¡Póngase descalzo al lado del animal y lo notará! Y las corrientes de aire son mortales.

¿Qué hacer? No deje que la tortuga camine libremente por la casa. Impida las corrientes de aire en el terrario porque no podría ponerse a resguardo de ellas. Las ventanas frías u oscilantes también favorecen las corrientes de aire. Si es necesario reduzca las aberturas del terrario, pero sin comprometer la ventilación porque de lo contrario se calentaría más de la cuenta (comprobar con un termómetro) por la acción del sol o del calentador.

Parásitos y gérmenes patógenos

El agua caliente del acuario y las orillas húmedas y arenosas son un caldo de cultivo ideal para todo tipo de gusanos, amebas y bacterias. En su hábitat natural, las tortugas viven en aguas que están permanentemente en movimiento, por lo que nunca vuelven a entrar en contacto con los parásitos que excretan. En el acuaterrario, al comer y al beber vuelven a ingerir de nuevo los gérmenes que han expulsado. La tortuga no tolera este ciclo y acaba enfermando. En el recuadro de la página siguiente se resumen las medidas a tomar.

SUGERENCIA

Agua limpia: la clave de la salud

➤ Las tortugas suelen depositar sus excrementos en el agua. Si son sólidos se pueden retirar con un salabre. El filtro y los cambios de agua semanales (ver pág. 38) se encargarán de eliminar el resto.

➤ El excremento se deshace en el fondo. Succiónelo con un tubo de acuario. En las tiendas de acuarios venden limpiadores de fondos muy prácticos.

➤ Retire siempre los posibles restos de comida que hayan podido quedar en el agua. A pesar del filtro, siempre quedarían sustancias disueltas en el agua.

> *Compruebe regularmente la temperatura del agua del acuario. Según las especies, deberá estar entre 22 y 28 °C.*

Transmisión de enfermedades

Las tortugas no pueden contagiarse de las enfermedades del hombre o de mamíferos tales como su perro (salmonellas, gripe, rabia, fiebres). La tortuga sí puede enfermar de salmonelosis, pero se trata de una variedad que no puede transmitirse a/de los mamíferos. También pueden sufrir distintas enfermedades víricas. Al ser animales poiquilotermos no pueden manifestar fiebre sino que tienen que buscar una fuente de calor (sol, lámpara calorífica, etc.).

Por el momento no se ha demostrado científicamente que las tortugas puedan transmitir ninguna enfermedad al hombre. Ni siquiera sus parásitos intestinales pueden sobrevivir en un intestino humano.
Lo mejor que puede hacer es seguir unas normas elementales de higiene, como lavarse bien las manos cada vez que manipule algún animal o su instalación. Al sifonar el agua del acuario no aspire con la boca; es mejor que emplee una pera de goma (de venta en tiendas de acuarios).

RECUERDE

Normas de higiene

La limpieza del acuario o terrario es una de las bases fundamentales para la salud de sus animales.

✔ Emplee un filtro que sea lo más eficaz posible (ver páginas 16 y 17).

✔ Mantenga seco el borde de la zona acuática. Lo ideal es cubrirlo con piedras planas calentadas por debajo (ver páginas 16 y 18).

✔ Renueve con frecuencia la arena de la parte terrestre (en función de lo que las tortugas lleguen a ensuciarla).

✔ Mantenga «poco bicho en mucha agua».

45

Síntomas de enfermedades

Las alteraciones del comportamiento, como la apatía, o físicas, como los ojos hinchados, suelen ser síntomas de alguna enfermedad. En estos casos es necesario acudir al veterinario lo antes posible. Si no conoce ninguno que sepa tratar tortugas pregunte en su tienda de confianza o en el Colegio Oficial de Veterinarios.

> *Una tortuga sana podrá recuperar fácilmente su posición normal sin necesidad de ayuda.*

Cómo transportarlas con seguridad

Las tortugas (tanto terrestres como acuáticas o palustres) hay que transportarlas siem-

pre en seco. Introduzca el animal en una bolsa de muselina con la costura hacia fuera. Debe tener un espacio libre de unos 5 cm alrededor. Ponga luego la bolsa con la tortuga en una caja de cartón con tapa e introdúzcala en un bolso o cartera de mano.

En invierno puede poner bajo la tortuga una botella de agua caliente a unos 30 °C. Cubra la caja con un paño de lana y cierre bien el bolso. El aire de la caja es más que suficiente para una hora de transporte.

Lesiones de la concha

Causas posibles: Generalmente se trata de un accidente.

Tratamiento: Las lesiones externas de los escudos córneos no son peligrosas. Pero si la herida llega hasta el hueso y/o está infectada será necesario llevar la tortuga al veterinario.

Caparazón blando, sangra en las uniones de las placas

Causas posibles: Sobredosis de vitamina D_3.

Tratamiento: Debe decidirlo el veterinario.

Insuficiencia respiratoria

Síntomas: La tortuga estira el cuello todo lo que puede, abre la boca y emite un sonido similar a un carraspeo o un ronquido. Después baja la ca-

beza como si estuviese muy cansada.

Causas posibles: Neumonía; estreñimiento; necesidad de desovar; gases en el estómago o en el intestino; cálculos en la vesícula o piedras de ácido úrico que impiden el vaciado de la vesícula anal; edemas (acumulación de agua) a causa de una enfermedad del corazón o de los riñones.

Tratamiento: ¡Llévela inmediatamente al veterinario! ¡No exponga el animal afectado al calor! El aumento del metabolismo pondría su vida en peligro.

Importante: Las infecciones por hongos, bacterias o herpes pueden producir secreciones bucales que afecten a la respiración. Las herpes suelen ser mortales para las tortugas. Sólo logrará salvar a las demás si toma unas medidas drásticas e inmediatas de cuarentena, higiene y desinfección.

La tortuga fétida es una mala nadadora y necesita poder trepar incluso bajo el agua.

Diarrea

Síntomas: Heces deshechas.

Causas posibles: Alimentación deficiente; infecciones por protozoos, gusanos u hongos.

Tratamiento: Poner el animal a dieta. Si al cabo de unos días la tortuga sigue igual, habrá que llevarla al veterinario. No se olvide de llevar una muestra de heces (ver pág. 24).

Ojos hinchados

Causas posibles: Entrada de un cuerpo extraño; lesiones; elevada concentración de agentes patógenos en el agua; corrientes de aire; carencia de vitamina A.

Tratamiento: Debe decidirlo el veterinario; compruebe la calidad del agua y las condiciones de la instalación.

Muda hasta quedarse en carne viva

Causas posibles: Sobredosis de vitamina A.

Tratamiento: Debe decidirlo el veterinario.

Cuestiones acerca de la alimentación y la hibernación

Mi tortuga come grandes cantidades de arena o gravilla. ¿Qué significa esto?
Generalmente es señal de que el animal sufre falta de minerales. Lo solucionará añadiéndole un suplemento de minerales con la alimentación (ver página 36). De lo contrario la tortuga puede llegar a morir a causa de una obstrucción del tracto gastrointestinal.

¿Puedo darle a mi tortuga alimentos preparados?
Sí, pero solamente de forma ocasional. En el envase debe constar su composición incluyendo el porcentaje de grasas, proteínas, fibra, calcio, fosfatos, vitaminas, etc.

Mi tortuga come regularmente, pero no quiero que se vuelva obesa. ¿Cómo puedo saber dónde están los límites?
Las tortugas acuáticas engordan con facilidad y pronto aprenden a pedir comida. Pese su tortuga cada seis meses y anote los datos en una libreta. Si cuando la tortuga se retrae en la concha los pliegues de la piel de las extremidades se abultan hacia el exterior es señal de que está gorda. Disminuya sus raciones de alimento (vea las reglas para la alimentación en la página 37).

Al describir las distintas especies siempre se habla de dieta vegetariana o carnívora. ¿A qué se refieren exactamente?
En las fichas de tortugas que aparecen en este libro, «dieta carnívora» significa del 90 al 95 % de proteína animal y el resto de proteína vegetal; «dieta omnívora o mixta» significa del 50 al 75 % de proteína animal y del 50 al 25 % de proteína vegetal; «dieta vegetariana» significa un 25 % de proteína animal y un 75 % de proteína vegetal. Estos valores pueden oscilar del 10 al 20 % según la calidad de los alimentos y las preferencias individuales de las tortugas.

> *Si la tortuga pierde más de un 10 % de su peso es señal de que está enferma.*

Mi tortuga se ha despertado de la hibernación antes de hora. ¿Qué debo hacer?

Ponga el terrario en marcha y ofrézcale diariamente alimentos frescos (ver página 42). La tortuga puede tardar hasta una semana en activarse del todo y empezar a comer. Pésela inmediatamente. Si ha perdido más del 10 % de su peso será mejor que la lleve al veterinario.

¿Se despertará la tortuga si la peso durante la hibernación?

No, pero hágalo rápidamente y vuelva a colocarla exactamente en el mismo lugar en el que estaba. Es suficiente con controlar su peso cada cinco o seis semanas.

Me han dicho que mi tortuga de orejas rojas puede hibernar tranquilamente en el estanque del jardín. ¿Es cierto?

Dependerá de la región en la que usted viva, pero en la mayoría del territorio nacional es perfectamente posible. Naturalmente, si vive en una zona de alta montaña en la que se producen frecuentes heladas solamente podrá tenerla en el exterior durante el verano.

Mi tortuga es de una especie que lleva una existencia principalmente terrestre. ¿Tiene que hibernar también en tierra firme?

Sí. Estas especies, como es el caso de *Clemmys insculpta* o las *Terrapene,* hibernan en tierra y tendremos que colocarlas en un cajón con tierra y hojarasca. Encontrará más detalles en los libros dedicados a las tortugas de tierra.

¿Tengo que cambiar el agua del recipiente en el que está hibernando la tortuga?

Sí, y según el tamaño de la tortuga y el del acuario deberá hacerlo cada tres o cuatro semanas. Si el agua adquiere una tonalidad amarillenta o se forman burbujas en la superficie, o ésta se cubre de una película blanca, es señal de que urge efectuar un cambio. Lave los trozos de gomaespuma bajo el grifo, pero sin emplear detergentes.

MIS CONSEJOS PERSONALES

Hartmut Wilke

Como evitar posibles deficiencias alimentarias

➤ No alimente a las tortugas exclusivamente con alimento seco, ni con carne de cerdo. Tendrían tendencia a engordar, sufrirían problemas digestivos y acabarían enfermando.

➤ No cambie súbitamente de alimento; mezcle progresivamente el alimento nuevo con el de siempre.

➤ Antes de darles un alimento congelado deje que se atempere.

➤ La proporción de calcio en el alimento debe ser muy superior a la de fósforo, de lo contrario el fósforo lo que haría sería descalcificar el esqueleto (!). Infórmese acerca de los valores nutricionales de los alimentos que emplea.

➤ Cuando usted esté de vacaciones puede dejar que alimenten a sus tortugas con alimento comercial en «pellets» (de venta en cualquier tienda de animales). Pero no lo emplee nunca como dieta habitual única. No hay nada que pueda sustituir a los alimentos frescos.

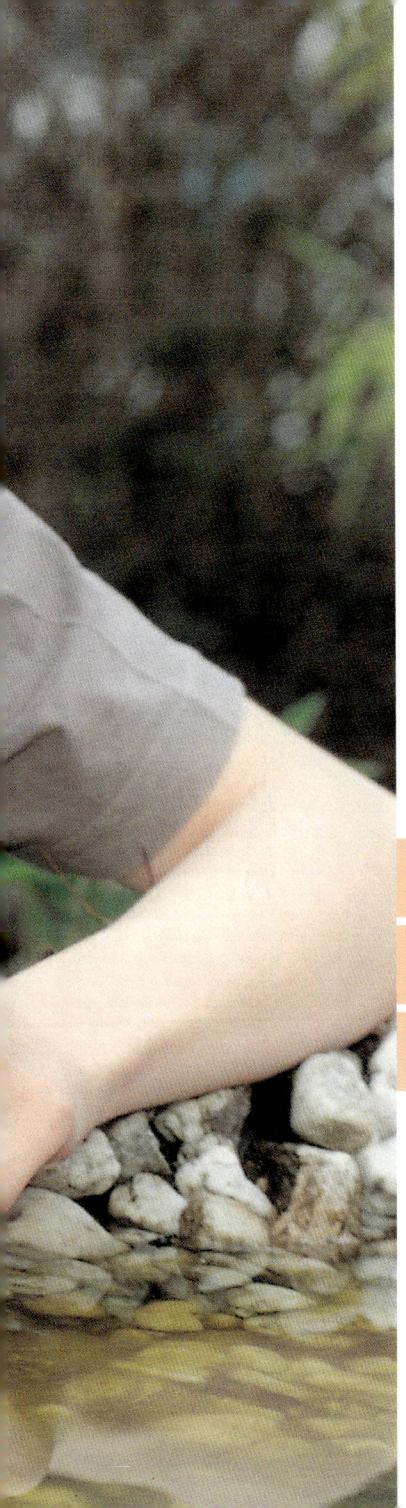

La actividad de las tortugas

Variedad para las tortugas

No todos los aficionados pueden ofrecer a sus tortugas el lujo de una instalación al aire libre, en el jardín o en la terraza (ver página 55). Si éste es también su caso, es posible que tenga que esforzarse para que sus tortugas se mantengan siempre ocupadas según las pautas de comportamiento

> *Magnífica instalación de interior con estanque incluido.*

de su especie. Si a pesar de estar bien aclimatada y de tener luz y calor suficientes permanece triste en un rincón de su instalación, tendrá que intervenir. Ventaja: descubrirá a tiempo cualquier posible síntoma de enfermedad y podrá acudir a un experto.

Crear un terrario interesante

En la naturaleza, las tortugas dedican la mayor parte de su actividad cotidiana a la busca de alimento. Para ello se ven obligadas a nadar, trepar y escarbar. ¿Por qué no pueden hacerlo cuando viven en cautividad? Cuanto mejor planteada esté la instalación para las tortugas, más interesante será para el animal.

Las **buenas nadadoras** (ver fichas de las páginas 10 a 13) necesitan mucho espacio libre para nadar a sus anchas, pero también rincones y obstáculos bajo los que puedan escarbar en busca de alimento. Lo ideal es colocar algunos troncos y raíces y oscurecer las paredes laterales del acuario (placas de corcho). Pero asegúrese de no colocar elementos que puedan constituir una trampa en la que la tortuga se encalle y se ahogue.

Para las **malas nadadoras** puede llenar el acuaterrario con unas cuantas raíces y troncos que les permitan trepar incluso estando bajo el agua. Esto creará muchos rincones interesantes, pero cuidado con crear alguna «trampa» peligrosa.

1 Evitar el aburrimiento

Además de la alimentación habitual, dele a su tortuga una pequeña ración de larvas de mosquito o dafnias vivas, y siempre en un sitio distinto. Estos animalitos se distribuirán por todo el acuario y la tortuga tendrá que darles caza de uno en uno. Así estará ocupada durante algunas horas.

2 Un interesante distribuidor de alimento

¿Qué puede ser más interesante para una tortuga que un distribuidor de alimento que deja caer sabrosos alimentos cuando menos se lo espera? Esto la obligará a pasar todo el día alerta y dispuesta a cazar lo que caiga. Para conseguirlo basta con coger un trozo de tubo de plástico, taladrarle algunos orificios, colocar un par de gusanos de harina en su interior, cerrarlo por los extremos y colgarlo sobre el agua.

Convivencia con sus congéneres

Cuando se trata de ejemplares juveniles no suele haber problemas para mantener en un acuario varios ejemplares de la misma especie, o incluso de especies distintas. Pero también aquí hay excepciones. Los problemas surgen seguro, cuando alcanzan la madurez sexual. Las tortugas –incluso las parejas– se muestran agresivas entre ellas y se muerden entre sí, a veces incluso llegan a matarse. Por este motivo es imprescindible que si desea tener una pareja prepare dos terrarios desde el primer momento –uno para cada tortuga.

Comportamientos anómalos

Ya hemos descrito algunos comportamientos anormales al hablar de la hibernación (ver página 40), del apareamiento (ver página 30), del desove (ver página 30) y de las enfermedades (ver página 46). Pero también puede suceder que en pleno verano su tortuga se muestre totalmente apática sin causa aparente y que deje de comer sin estar enferma. A las tortugas también les afectan los cambios de tiempo. Si durante el verano se suceden algunos días frescos o lluviosos su estado de ánimo puede cambiar. Cuando vuelva a hacer buen tiempo recobrarán su alegría vital. La causa de este comportamiento se encuentra en su ancestral «ojo pineal», un órgano fotosensible situado bajo la parte superior de la caja craneal que regula la actividad endocrina y hormonal en función de la intensidad de la luz.

Unas buenas vacaciones para las tortugas

Lo mejor que les puede ofrecer a sus tortugas «resistentes al exterior» (ver páginas 10 a 13) es una instalación al aire libre en la que puedan estar a sus anchas desde mayo hasta septiembre (según la latitud a la

> Esto es lo que le gusta a la tortuga moteada: calentarse al sol hasta alcanzar los 36 °C.

que usted viva, incluso durante más tiempo). En algunos casos puede ser aconsejable incluir una pequeña zona con calefacción adicional.

Instalación exterior con estanque

Estanque prefabricado: Por

motivos biológicos es necesario que pueda contener por lo menos 500 litros de agua. Lo ideal es emplear estanques con una capacidad de 1,5 metros cúbicos o más. También se pueden construir estanques mayores empleando una lámina de material plástico (consultar libros sobre la construcción de estanques de jardín). En el agua deberá colocar un grueso tronco que sea fácil de trepar y les permita salir a tomar el sol.

Técnica: Los estanques de hasta 1,5 metros cúbicos necesitan un filtro, en los de mayor

tamaño no es imprescindible. Una bomba sumergible situada en el centro del estanque se encargará de hacer llegar el agua hasta el filtro y de allí regresará al estanque.

Un rincón caliente

Construya un cajón de metacrilato transparente y colóquelo de forma que la mitad quede sobre el agua de manera que las tortugas puedan entrar en él desde abajo.
Monte en su interior una lámpara de infrarrojos o cuelgue del techo una bombilla de 60-80 vatios (ver ilustración de la

SUGERENCIA

Hay que evitar que las tortugas puedan fugarse de la instalación exterior

> Para el cercado pueden emplearse losas de piedra plana, tablones lisos o placa de plástico ondulado, teniendo la precaución de clavarlo en el suelo hasta una profundidad de 20-30 cm. Tenga en cuenta que las tortugas excavan. La altura de la cerca dependerá del tamaño de los animales. Lo importante es que no puedan alcanzar el canto superior con las uñas de sus extremidades anteriores.

> Muchas tortugas acuáticas son capaces de trepar mejor de lo que excavan. Por lo tanto, las vallas de malla metálica suelen ser totalmente inútiles aunque tengan más de un metro de altura.

derecha) y conéctela en los días en los que la temperatura ambiental no llegue a los 26 °C (tenga un termómetro siempre a mano).

El **suelo** puede construirlo con placas de cemento.

Instalación para un balcón

En un balcón o en una terraza podemos montar una instalación que sea como la del jardín, pero a escala reducida (ver ilustración de la página 56). Oriente la instalación de forma que cuando el sol esté bajo en primavera y en otoño también incida sobre la isla en la que se calentarán las tortugas.

➤ El recipiente es preferible construirlo empleando madera impregnada para uso en jardines. Los laterales tendrán la parte superior inclinada y su parte trasera será de 10 a 15 cm más elevada que la delantera.

➤ Para que la madera no se pudra es conveniente forrar el interior del cajón con lona impermeable de la empleada para hacer estanques. Un par de agujeros de tres a cuatro centímetros de diámetro permitirán su drenaje evitando que se retenga humedad en el fondo.

Una instalación al aire libre amplia y bien instalada en la que las tortugas disponen de un estanque con una isla para tomar el sol, zonas para trepar y un rincón con calefacción para los días menos calurosos.

➤ Coloque en su interior un pequeño estanque prefabricado (también puede ser una palangana) lo más grande posible. Las tortugas que lleven una vida más terrestre que acuática preferirán disponer de una mayor superficie de tierra y que la parte acuática sea llana y poco profunda.

➤ Llene el cajón (de abajo a arriba) con una capa de 20 cm de cantos rodados o bolas de arcilla (lo venden en los garden-center) y una capa de tierra de jardín. Llénelo solamente hasta una altura que no le permita a la tortuga trepar y fugarse (ver la sugerencia de la página anterior).

➤ Plante y decore la instalación como la del jardín, empleando rocas, troncos y algunas cañas (ver la ilustración de esta página).

➤ Como cubierta puede emplear una plancha de metacrilato dividida en dos. La pendiente de la cubierta (debida al desnivel de los laterales) hará que el agua de lluvia fluya fácilmente hacia abajo pero sin impedir que le llegue la radiación solar. Asegure la tapa de forma que no se pueda levantar por la acción del viento. Cuando haga sol puede levantar una de las cubiertas, y cerrarla cuando haga frío.

Cuestiones acerca de la instalación

? Mi tortuga se ha fugado de la instalación al aire libre. ¿Cómo puedo volver a encontrarla?

Empiece por buscar entre las hierbas y junto a la valla. En el caso de que haya podido trepar la valla y escaparse, es probable que por la noche intente regresar al lugar en el que se sentía segura. Dado que las tortugas se orientan por la posición del sol y por señales del terreno les es bastante fácil encontrar el camino de regreso a casa. Pero si la valla del jardín es inexpugnable para ella desde el exterior, debido quizás a que su base es muy alta, es fácil que por la noche la encuentre intentando entrar.

? ¿Puedo tener a mi tortuga en un acuario con guppys?

A la larga los peces de alimento no viven bien con la tortuga. Además, sufren por la inevitable suciedad que se suele acumular en el agua. Por otra parte, al cabo de algún tiempo las tortugas se vuelven comodonas y dejan de comerse a los guppys si alguna vez han intentado capturarlos y no lo han conseguido. Por lo menos habría que tener un poco de consideración con los pobres peces y proporcionarles algunos escondrijos.

? ¿Puedo mantener mis tortuguitas jóvenes en una instalación al aire libre?

Sí, pero en ese caso deberá cubrirla con una malla o tela metálica. Las urracas, los grajos y los gatos pueden atacar fácilmente a las tortugas de menos de 15 cm.

? Tengo un estanque bastante grande con peces rojos. ¿Puedo incluirlo en la instalación de las tortugas?

Naturalmente. Pero tenga en cuenta que las tortugas se comerán todas las plantas y algas del estanque y es probable que también destruyan las crías de peces, los tritones, los caracoles y las larvas de insectos que puedan vivir en su estanque.

? Mi tortuga se ha despertado de la hibernación, pero no come. ¿Estará enferma?

La tortuga necesita aproxi-

> *«De vacaciones en la terraza», esta instalación es un buen sustituto de la del jardín.*

madamente una semana para «poner a tono» su metabolismo invernal. El estómago y el intestino necesitan recuperarse antes de poder digerir alimentos de nuevo. Si al cabo de una semana sigue sin comer deberá llevarla al veterinario.

¿Por qué mi tortuga nada y trepa siempre a lo largo de la pared?

Si la tortuga es nueva en ese terrario, el comportamiento es completamente normal. Se tranquilizará al cabo de uno o dos días. Si se trata de una tortuga que ya estaba aclimatada es señal de que hay algo que no va bien en su terrario. Compruébelo todo (ver página 16).

Nuestra tortuga de orejas rojas se ha escondido en la instalación del jardín y no podemos encontrarla. Ya empieza a hacer frío y tememos que se haya enterrado en el fondo del estanque para hibernar. ¿Podrá soportar el invierno en estas condiciones?

Si está sana no tendrá ningún problema. En la mayoría de las regiones de España estas tortugas pueden pasar todo el año al aire libre e hibernar sin problemas. En Europa Central y en las zonas de clima ex-

tremo ya puede ser más problemático, pero una hibernación ocasional en el exterior tampoco suele ser grave. Lo más peligroso suelen ser los cambios bruscos de temperatura que se producen durante la primavera.

Hace más de un año que intento atraer a mi tortuga enseñándole la comida. Pero sigue siendo muy tímida. ¿Es normal?

Sí, muchas tortugas se mantienen muy esquivas durante toda su vida. Especialmente las de algunas especies. Por lo tanto, no se decepcione si no consigue ganarse su confianza. Pero esto no implica que no deba seguir queriéndola.

Cuando llueve se desborda mi estanque prefabricado y el agua pasa al terreno de mi vecino. ¿Qué puedo hacer?

Cave una pequeña zanja que vaya a parar a un desagüe situado en su terreno. Cuando monte el estanque prefabricado tenga la precaución de inclinarlo un poco hacia la zanja. En los estanques construidos con lona impermeable se puede colocar un rebosadero en el lugar apropiado.

Hartmut Wilke

MIS CONSEJOS PERSONALES

Prevea los posibles peligros en la instalación del balcón

➤ Taladre en la madera algunos orificios de ventilación de unos dos centímetros de diámetro. Así el aire no podrá calentarse demasiado.

➤ Controle la temperatura cuando mantenga la cubierta cerrada. Un exceso de calor podría ser mortal para las tortugas.

➤ Si la cubierta está dividida en dos partes, deje una siempre abierta. Así no habrá peligro durante su ausencia.

➤ Las tortugas pueden trepar muy bien. Bloquee con tablas todas las ranuras y resquicios del balcón para que la tortuga no pueda salir de él en caso de que lograse escapar del terrario.

➤ El terrario exterior es muy útil para inducir a la tortuga a hibernar. Pero trasládela luego para que hiberne en el sótano; no la deje hibernar en el balcón (ver página 40). En climas fríos podría congelarse.

INDIVIDUAL, PERO NO SOLA

Las tortugas no se sienten «solas». Son animales que están adaptados a una **existencia independiente.** A las tortugas acuáticas no les gusta mucho la compañía de sus congéneres, y solamente se relacionan durante la época del apareamiento. por lo tanto, a la tortuga no le molestará en absoluto que la mantenga sin compañía.

Una garantía de bienestar para las tortugas acuáticas

EL EJERCICIO LAS MANTIENE EN FORMA

Dele pequeñas raciones de comida a lo largo del día –preferiblemente alimento vivo– para que la tortuga tenga que **capturarlas.**
Y un lugar para tomar el sol al que tenga que trepar. Así estimulará a su tortuga a mantenerse **activa** y le dará la oportunidad de agudizar sus sentidos.

¡TENGA EN CUENTA SUS NECESIDADES!

Siempre que haga algo relacionado con la tortuga deberá tener en cuenta su **biorritmo.** Manipúlela solamente durante sus horas de actividad. ¿O es que a usted le gustaría que cada noche le **despertasen** para darle de comer o para intentar jugar con usted?

¡ALIMENTO VIVO Y SABROSO!

Dele a su tortuga una dieta lo más **variada** posible. Capture dafnias (también las venden en algunas tiendas de acuarios), camarones de río y lombrices de tierra. Dedique un pequeño acuario a la cría de guppys y pequeños caracoles de agua.

MANTENER SU COLORACIÓN

Generalmente, las tortugas que viven en libertad lucen una coloración mucho más intensa que las que viven en cautividad. Si les da un alimento **rico en carotenos,** como el destinado a los kois (de venta en tiendas de acuarios), los animales sintetizarán vitamina A y esto les intensificará la **coloración** amarilla o roja de la cabeza.

¡POR FAVOR, NO INTENTE AHORRAR!

«Somos demasiado pobres como para poder permitirnos comprar cosas baratas». Este famoso lema de un banquero también se puede aplicar a su tortuga. Los filtros de calidad y las lámparas potentes tienen su precio, pero siempre saldrán más baratos que intentar hacer inútiles esfuerzos por conseguir una **«solución económica»** que nunca llegará.

Nuestros 10 consejos básicos

HAY QUE ANOTARLO TODO

Para estar siempre al día es mejor que **apunte en una libreta** el tipo y la cantidad de alimento que le da a su tortuga, las alteraciones de su comportamiento, el aumento de peso y de tamaño, así como los cuidados que le prodiga. Así siempre dispondrá de datos actualizados en el caso de que necesite la intervención del veterinario o que se le planteen dudas a la persona que la cuida durante las vacaciones.

TERAPIA LUMINOSA

Solamente se puede sustituir la **luz solar** empleando un foco o lámpara muy potente. La luz actúa a través de los ojos y la glándula pineal de la tortuga y tiene **acción sobre su equilibrio hormonal.** Si la tortuga siempre vive en el interior procure emplear una lámpara HQI-TS de 500 vatios.

ESTIMULAR SU INSTINTO DE CAZA

Alimente a su tortuga de forma que no engorde, es decir, a un ejemplar subadulto hay que darle de comer cada dos días y a una tortuga adulta, dos veces a la semana. En los **«días de ayuno»** puede estimular su instinto de caza ofreciéndole pequeñas presas vivas.

SIN COMPROMISOS

La **radiación UV** es imprescindible para el desarrollo de los huesos y solamente se consigue con el sol o con una lámpara especial de Osram o Philips. Son caras pero duran miles de horas. No emplee fluorescentes baratos o lámparas para plantas porque no obtendría un buen resultado.

Indice alfabético

Los números de página expresados en **negrita** corresponden a las ilustraciones. C = cubierta

El autor

El Dr. Hartmut Wilke es bió-
logo y ha trabajado como director del Exotarium del Zoo
de Frankfurt y como director
del zoo de Darmstadt. Su larga experiencia profesional le
ha proporcionado amplios
conocimientos sobre las tortugas. Siempre ha colaborado
con todos los aficionados que
se han dirigido a él en busca
de ayuda.

La fotógrafa

Christine Steimer trabaja como fotógrafo «free-lance» y se
ha especializado en animales
domésticos.
Ha realizado todas las fotogra-
fías de este libro excepto las siguientes: Anders: páginas 8, 13
derecha, 20/21, 47, 53 derecha;
Juniors/Anders: Páginas U2/1,
2, 4/5, 24, 31, 32, 37, 53 iz-
quierda, 64; Juniors/Layer: página 29 derecha abajo.